Chávez, Plan Andino y Guerra Asimétrica

Alberto Garrido

BUSH II Y CHÁVEZ EN LA GUERRA GLOBAL

Estados Unidos, con la justificación de la lucha contra el terrorismo, ha desatado una guerra global que apenas se inicia (Afganistán-Irak). La guerra global utiliza el concepto de "proyección de poderío militar" del Ejército de Estados Unidos a cualquier lugar del planeta. La globalización militar estadounidense tiene tres objetivos centrales: a) guerra total "prolongada" hasta derrotar el terrorismo; b) conquista de nuevas fuentes de petróleo; c) creación de un Nuevo Orden Global (NOG) unipolar.

Con un déficit fiscal promedio —en los últimos tres años— de 500 mil millones de dólares y un gasto equivalente en materia de seguridad y defensa, Bush tratará de acelerar la guerra de Irak. La tenaza del poder en Medio Oriente, para Estados Unidos, consiste en posesionarse plenamente del territorio (y del petróleo) iraquí, y buscar la solución del conflicto israelí-palestino. No habrá posibilidad de hacer planes de reducción del déficit —el mayor en la historia de Estados Unidos— sin que el problema político estratégico (establecimiento del Nuevo Orden Global, posesión de las fuentes energéticas) se encuentre resuelto. El "aseguramiento" de Irak reafirmará el unilateralismo, núcleo del nuevo poder global. La ONU entrará nuevamente en conflicto con Estados Unidos, por representar, fundamentalmente, a los gobiernos que buscan fundar el poder mundial multipolar, contrapuesto al proyecto unipolar de Washington.

En cuanto a América Latina y el Caribe, Bush intentará colocar en sintonía las acciones del Pentágono (Comando Sur) con las del Departamento de Estado. En la era Powell el Pentágono desplazó paulatinamente al Departamento de Estado en el diseño de políticas, lo cual condujo a un proceso de militarización de la política estadounidense.

El epicentro de la acción del Pentágono se encuentra en Colombia. La justificación es la lucha del eje Comando Sur-FAN colombiana contra la insurgencia de ese país (Plan Colombia-Patriota-Andino). En la segunda etapa de la reelección de Bush las primeras acciones de Washington fueron: a) el viaje del jefe de la Casa Blanca a Colombia para reunirse con Uribe; b) la visita a Colombia del recién estrenado jefe del Comando Sur, el general Bantz Craddock; c) la presencia de Donald Rumsfeld en Ecuador para orientar la reunión de ministros de Defensa de América Latina. La circunstancia de que estas visitas se concretaran inmediatamente después de la relegitimación de Bush sugiere que la región andina ha subido en la escala de prioridades de la Casa Blanca.

Chávez se ha reunido con Uribe no solamente para firmar acuerdos energéticos o discutir otro tipo de integración. El eje de las conversaciones ha sido el tema del terrorismo. Chávez tomó la determinación de alejarse de todo aquello que pueda dar pie a una acusación de colaboración o permisividad con la guerrilla, sea esta colombiana o venezolana. Paralelamente, Chávez ha iniciado el proceso de profundización de la Revolución, cuyos objetivos principales son crear un nuevo sistema económico (economía endógena) y rescatar el principio de democracia participativa a través del poder popular para buscar la igualdad social (nuevo socialismo). Las cartas, más allá del factor tiempo, están echadas.

Chávez, Plan Andino y Guerra Asimétrica

Alberto Garrido

intermedio

Chávez, Plan Andino y guerra asimétrica

© 2006, Alberto Garrido
© 2006, Editorial CEC, S. A.
© 2008, Intermedio Editores, una división de
Círculo de Lectores S.A.

Dirección editorial
Alberto Ramírez Santos

Diseño y digramación
Joanna Gutiérrez

Diseño de carátula
Diego Martínez

Producción
Ricardo Iván Zuluaga C.

Licencia de Intermedio Editores Ltda.
para Círculo de Lectores S.A.
Calle 67 N° 7-35 piso 5to
gerencia@intermedioeditores.com.co
Bogotá, Colombia
Primera edición: Editorial CEC, Caracas, 2006

Segunda edición, marzo de 2008

ISBN tapa rústica: 978-958-709-753-3

Impresión y encuadernación:
Stilo Impresores Ltda.

A B C D E F G H I J
Impreso en Colombia - *Printed in Colombia*

DEDICATORIA

A los estudiantes de la Universidad
Santa María que fueron masacrados
en Barrio Kennedy

Claudio de Acha, Horacio Ungaro, María Clara Ciocchini, María Claudia Falcone, Francisco López Muntaner, Daniel Racero y Pablo Díaz estudiaban bachillerato en la ciudad de La Plata. Tenían entre 14 y 18 años de vida. Fueron secuestrados el 16 de septiembre de 1976, pocos meses después del golpe militar encabezado por Jorge Videla en Argentina.

Bajo la complicidad de la noche, un Grupo de Tareas (interfuerzas) ingresó a sus casas con el fin de eliminar sus sueños adolescentes. Los únicos testigos de esa interminable oscuridad fueron sus padres, abuelos y hermanos, estremecidos ante el espectáculo que mostraba a muchachos amordazados, con los ojos vendados y torturados desde el momento de su captura por una patota de encapuchados cebados contra sus víctimas indefensas.

Claudio, Horacio, María Clara, María Claudia, Francisco, Daniel y Pablo fueron llevados a un campo de concentración. Los golpearon. Les quitaron las uñas de los pies con tenazas. Recibieron descargas eléctricas en las partes íntimas del cuerpo. Las dos Marías fueron sistemáticamente violadas durante el cautiverio. Por fin, sus cuerpos destrozados se esfumaron entre otros 30 mil muertos y desaparecidos, producto de la represión que caracterizó el llamado Proceso argentino. Centenares de esos muertos y desaparecidos eran niños y adolescentes.

El delito que habían cometido los muchachos fue pedir que se cumpliera un decreto provincial que otorgaba el pasaje estudiantil preferencial. Era demasiado para la tolerancia del Proceso.

Los jefes del Proceso diseñaron una forma de compromiso para que los miembros de los Grupos de Tareas se graduaran de asesinos. Se llamó "pacto de sangre". Cada uno de ellos tenía que matar, secuestrar, torturar y robar ("trofeos de guerra"). Los Grupos de Tareas utilizaban a placer el terror porque ellos representaban al Estado. Hacían terrorismo de Estado.

Su organización comenzaba con los jefes de las distintas fuerzas. Seguía con la Inteligencia. De ella dependían los Grupos de Tareas. Sus miembros eran rotados. En algunas oportunidades recibían órdenes de ejecutar sus tareas sin conocerse previamente. Durante las misiones se colocaban capuchas para esconder su identidad.

La garantía del anonimato de su barbarie fue la impunidad, elemento previsto para la ejecución de los crímenes. La impunidad actuaba como armadura del delito. La impunidad era pieza fundamental del sistema de terrorismo de Estado. Tenía como objetivo lograr que la población se sintiera inerme frente a un poder omnímodo.

Claudio amaba la música y el fútbol. María Claudia deseaba ser artista. Horacio disfrutaba los libros de historia. María Clara era guitarrista, pero quería ejercer la Medicina. Daniel aspiraba a ser mecánico. A Francisco le apasionaba el fútbol. Pablo Díaz pudo contarlo casi todo. De su testimonio nacieron un libro y una película: *La noche de los lápices*.

Yo lo escuché. En ese momento se adelantaba el juicio a los jefes de las juntas militares del Proceso y me tocó reseñarlo como corresponsal de *El Diario de Caracas*. Confieso que durante las noches no podía dormir.

Todavía me ocurre.

A MANERA DE PRESENTACIÓN

Chávez, Plan Andino y Guerra Asimétrica es un libro que reúne los trabajos publicados en distintos medios de la prensa venezolana (*El Universal, Producto, El Nuevo País*). Los textos han sido ordenados temáticamente y, en la medida de lo posible, actualizados.

Chávez, Plan Andino y Guerra Asimétrica es un título que resume el contenido de la obra. En enero de 2006 comenzó el Plan Andino, prolongación del Plan Colombia (2000-2005), y debe desarrollarse hasta el año 2010. Venezuela, por su parte, ha establecido la doctrina de Defensa Integral de la Nación en el marco de una hipótesis de guerra asimétrica contra Estados Unidos.

La obra analiza las distintas circunstancias sobre las que se desarrolla el enfrentamiento entre el pacto Washington-Bogotá y su contraparte, el triángulo revolucionario Cuba-Venezuela-Bolivia. Además, la investigación permite entender las diferencias entre el proyecto Chávez-Castro y las FARC-EP.

También descubre las posiciones encontradas en el corazón del poder de la Casa Blanca en relación con Chávez, con el Departamento de Estado apostando al negocio petrolero de las trasnacionales y el Pentágono pidiendo acción contra el denominado "populismo emergente" andino, que amenaza con extenderse a Argentina.

Por último, *Chávez, Plan Andino y Guerra Asimétrica* sigue el plan internacional multipolar de Chávez (Irán, China, Rusia) hasta detenerse en las consecuencias nacionales del resultado del

4-D ("Lecciones de las elecciones"), donde pareciera revelarse un inesperado talón de Aquiles en el plan de Chávez.

Se incorpora como anexo el trabajo, revisado y corregido, Guerrilla y Revolución Bolivariana, que permite comprender el origen del proceso político-militar que vive Venezuela.

Katrina vs. Pentágono

El "efecto Katrina" ha reforzado en importantes sectores de la opinión pública estadounidense –incluyendo a muchos que votaron por la permanencia del gobierno republicano– el rechazo a la guerra de Irak y, con ello, a los abultados presupuestos militares de Estados Unidos. Pese a que ya Bush advirtió que la guerra global no se detendrá, resta saber si el peso del cambio de los hábitos de vida de los norteamericanos, reducidos a la fórmula aumento de los combustibles-debilidad del dólar, pudiera tener influencia en una decisión final del alto poder de proporcionarle un giro a la geopolítica estadounidense y abrir la etapa histórica de la multipolaridad.

Actualmente Washington se mueve entre la disyuntiva de obtener en Irak una victoria táctica (derrocamiento de Hussein, formación de un gobierno de coalición iraquí, aprobación de una nueva constitución "occidentalizada", control militar sobre los campos petroleros, transformar la guerra en una confrontación intrarreligiosa musulmana) o admitir que ha sufrido una derrota estratégica (crecimiento del sentimiento antiestadounidense en el mundo árabe, creación de un Estado fallido, ingobernabilidad que obligará a sus tropas a permanecer largo tiempo en territorio hostil, incapacidad para modificar estructuralmente el mapa petrolero mundial, pérdida de la confianza de sus aliados naturales de la OTAN, entre otras consecuencias).

Idéntico problema tendrá que resolver Washington en América Latina y el Caribe. En junio de 2005, luego de la reunión de la OEA que trajo la primera derrota vergonzosa de Estados Unidos en la historia de la máxima organización interamericana, se había cerrado el ciclo del dominio político-diplomático del Departamento de Estado sobre la estrategia estadounidense para Latinoamérica para darle paso a la línea militarista de los halcones del Pentágono, que privilegia la ideología sobre el negocio petrolero y plantea enfrentar, en bloque, al eje revolucionario Chávez-Castro (con Evo Morales agregado) y a las FARC, a través del Plan Colombia II (Plan Andino). Pero a partir de "Katrina" todo emprendimiento militar será cuestionado por quienes exigen "mirar –e invertir– hacia adentro", especialmente en todo aquello que tenga que ver con la gran tragedia del Sur estadounidense.

Washington se debate hoy entre dejar de ser la gran potencia del mundo unipolar que desea establecer el poder total como signo de una nueva era estadounidense global o resignarse a ser una potencia más, acompañada de otras potencias emergentes (China, India, Japón) y la reunificada, pero siempre ambiciosa, vieja Europa. Cualquiera sea la decisión que tome, el petróleo seguirá siendo un dolor de cabeza para el cual las aspirinas tendrán solamente un transitorio efecto psicológico.

En estas condiciones, los escenarios militares que elaboran analistas del gobierno petrolero-revolucionario de Hugo Chávez se dirigen cada vez más hacia la hipótesis del conflicto armado con Estados Unidos, vía Colombia (Plan Andino). Katrina tendría que provocar un huracán en Washington para que las fronteras de la región andina no desaparezcan en la guerra asimétrica anunciada.

Cartas al descubierto

Estados Unidos redefine apresuradamente su plan de guerra global. El gobierno de Bush, acosado por la caída del respaldo público a su gestión –y muy especialmente a la forma en que se adelanta la guerra en Irak–, encuentra que los frentes de combate contra el neoterrorismo global se multiplican y necesita darle un vuelco radical a la estrategia inicial de focalización en los campos de batalla (Afganistán, Irak), entendidos como guerras convencionales por parte de su Alto Mando militar.

Mientras tanto, los talibanes, acostumbrados a las guerras irregulares de desgaste, vuelven a controlar zonas de Afganistán, Al Quaeda multiplica inorgánicamente sus bases, golpeando simultáneamente en Europa y en los países musulmanes cuyos gobiernos son aliados de Estados Unidos (Egipto, Pakistán, Jordania). El terror todavía no ha llegado a Arabia Saudita, pero de instalarse en el actual corazón del mundo petrolero, la historia ofrecerá cambios drásticos y veloces.

La nueva estrategia de Washington pasará por endurecer la guerra de tipo convencional, fortalecer los mecanismos de inteligencia trasnacionales y aproximarse a las tesis del choque de civilizaciones. Las manifestaciones de musulmanes egipcios contra los actos terroristas de Al Quaeda demuestran igualmente que parte de la masa seguidora de Alá establecerá diferencias, cada vez mas marcadas, contra los activistas de la "Guerra Santa". Así, el conflicto intrarreligioso musulmán se sumará a la guerra interreligiosa de Irak (shiítas contra sunitas). Bajo la presión de Inglaterra, la Unión Europea, con una fuerte presencia musulmana, establecerá una red internacional de inteligencia que le dará prioridad a la seguridad sobre aspectos básicos de la libertad. Algo parecido acontecerá en Rusia.

La Comisión de Política Exterior del Senado de Estados Unidos pidió opiniones de expertos en América Latina, como el general Barry McCaffrey, ex zar antidrogas, sobre qué hacer frente a la escalada revolucionaria liderada por Venezuela y Cuba. McCaffrey respondió que, pese a que había que "repensar" las relaciones petroleras con Venezuela, no era conveniente (ahora) colocarse "el otro zapato". Es decir, globalizar la guerra enfrentando a los "enemigos políticos" de Estados Unidos que, a su parecer, serían "Corea del Norte, Venezuela, Siria, Irán o Cuba". Para McCaffrey, Venezuela, hoy, se encuentra a la par de los miembros del llamado —por Washington— "Eje del Mal".

Chávez ha afirmado que las revoluciones cubana y la venezolana son una sola y que si Estados Unidos ataca a Cuba Venezuela será solidaria con Cuba, y si ataca a Venezuela, la misma actitud tendrá Cuba. Rogelio Pardo Maurer, subsecretario de Defensa y jefe civil del Comando Sur, ha advertido sobre la peligrosa posibilidad de un triunfo electoral de Evo Morales, apoyado por Venezuela y

Cuba (petróleo, gas y Revolución). Mientras tanto, un importante contingente de militares estadounidenses ha tomado posiciones en Paraguay. Nada ocurrirá de una vez, ni dejará de pasar.

El gigante herido

Estados Unidos está herido. La primera potencia militar y económica del mundo yace arrinconada, curándose las heridas que le han dejado los huracanes Katrina y Rita, y tratando de encontrar una salida al laberinto que significa la guerra asimétrica de Irak, donde todas las rutas parecen conducir al terror global. A esas situaciones traumáticas debe sumarse la crisis petrolera, que lo ha obligado a apelar al uso de las reservas petroleras estratégicas. Esa dinámica política negativa lo ha llevado a postergar el plan inicial de globalización militar que consistía en eliminar en su totalidad al "Eje del Mal" (Irak, Irán, Corea del Norte), dejando que la "diplomacia de seda" china se encargue de uno de los protagonistas (Corea del Norte), mientras le devuelve espacio de negociación a la Unión Europea y a Rusia (Irán).

Por otra parte, retorna resignado a la ONU, luego de colocar en un archivo, hasta nuevo aviso, la tesis del poder rumsfeldiano, que saludaba el nacimiento de un nuevo orden global con organizaciones pos-Guerra Fría lideradas por Estados Unidos, algo que colocaba en el museo de la política a la institucionalidad surgida durante la Guerra Fría, ONU y OTAN incluidas. El mundo unipolar que dejó la caída del muro de Berlín todavía existe, pero la alternativa multipolar está en marcha, con China esperando cualquier resbalón de Estados Unidos para ocupar silenciosamente cada espacio que abandona el hegemón militar, mientras refuerza el tejido geopolítico con el oso ruso, ya fuera de la etapa de hibernación. La India, otro gigante que se ha puesto de pie, saca cuentas para escasas décadas y, con el disuasivo poderío nuclear en sus manos, ejecuta con discreción un increíble, hasta hace pocos años, papel de potencia mundial emergente. La Unión Europea, Japón, Brasil, son otras expresiones embrionarias de la multipolaridad en marcha.

Todavía sin despertar por completo de su pesadilla, Washington comienza a pensar en América Latina y el Caribe, donde se encuentran las reservas de petróleo más grandes del mundo (Venezuela) y las reservas de gas más importantes del continente, después de las de Estados Unidos (Bolivia, Venezuela). Cuando el resultado de las elecciones bolivianas anuncia la posibilidad de un eje revolucionario La Habana-Caracas-La Paz, la Casa Blanca comienza a darse cuenta de que por primera vez en décadas su influencia sobre el sur del continente corre peligro. Pero también existe riesgo, a futuro, sobre las rutas que trasladan el petróleo desde Venezuela a las refinerías establecidas en el Norte, amenazando el tantas veces citado "abastecimiento rápido y seguro" del 15% de las importaciones estadounidenses.

Después de que pase la temporada de huracanes, convertidos en detonantes de dudas internas en cuanto a la capacidad de gobernar de los republicanos, y mientras Washington pide a los países vecinos de Venezuela que se activen contra Chávez, comenzará el Plan Andino (2006-2010). En ese momento se pondrá a prueba la relación entre Colombia y Venezuela, y se conocerá el desarrollo final de las situaciones político-militares en Ecuador y en Bolivia. Chávez, a su vez, habrá dado varios pasos más hacia la elegida guerra asimétrica.

La hora de los halcones

Sufriendo los efectos del aterrizaje forzoso de su política para América Latina y el Caribe, Estados Unidos deshoja con urgencia la margarita que representa su relación con Venezuela. Mientras el Pentágono comienza a plantearse la opción militar, la burocracia del Departamento de Estado pide que se respeten los seis meses de línea político-diplomática que la tradición institucional le otorga, recordándole a Bush la importancia estratégica de los negocios petroleros.

Por eso Maisto, el simpatizante chavista de la sección latinoamericana del buró de Bush, hoy embajador de Estados Unidos ante la OEA, exhibe ante las agencias internacionales de noticias la Carta Democrática como si fuera una espada de papel, amenazando con pedir su aplicación en la OEA. La avisada acción del embajador de Estados Unidos ante el organismo dirigido por Gaviria permitiría emprender acciones contra el gobierno de Venezuela.

Pero los halcones están inquietos con los intermitentes movimientos de Chávez, y a la declaración del poderoso jefe del Estado Mayor del Ejército de Estados Unidos, general Richard Myers, exigiendo definiciones militares a los gobiernos vecinos de Colombia, se suma la del llamado zar antidrogas, John Walters, acusando —esta vez oficialmente— al Ejecutivo venezolano de colaboración con la guerrilla, que en la lectura de Washington se traduce como la alianza de terrorismo con narcotráfico y es el paso previo a la peligrosa calificación de Estado permisivo con el terrorismo.

Estados Unidos tiene tres caminos para salir del clavo que significa Chávez en su zapato geopolítico. La primera es seguir la sinuosa vía de la OEA, donde hasta ahora el lobby de Chávez ha funcionado —gracias al petróleo y a los intereses de Brasil— mucho más eficientemente que la ortodoxa veteranía de Maisto. Serán meses de fatigante caminar. La segunda es acelerar la fase andina del Plan Colombia. Pero no le garantiza la caída de Chávez. La última sería la opción de la intervención unilateral, tal como ocurrió en Irak. Por ahora, ninguno de los senderos es luminoso, sobre todo en difíciles tiempos electorales. El tercero en discordia, Uribe, espera la decisión del hermano mayor, mientras instala apresuradamente en la frontera grupos comandos de la Policía Nacional y legaliza paramilitares.

Con todos esos escenarios estudiados, Chávez está dispuesto a jugar con las armas jurídicas de sus enemigos nacionales e internacionales, hasta que la realidad indique que ha llegado el minuto táctico de la hora estratégica que tanto estudió antes del 4-F.

APUESTA VITAL

El ala republicana guerrerista de Bush II luce acorralada por varios factores del poder interno y mundial. En cuanto al poder interno, los demócratas han resuelto capitalizar la oposición de buena parte de la opinión pública contra la guerra de Irak y comienzan a presionar por vías institucionales para que se produzca el retiro de las tropas estadounidenses. A esa situación se debe agregar el "efecto Katrina", todavía vivo en los sentimientos de amplios sectores sociales, y muy especialmente en el correspondiente a la influyente población negra. La dramática caída en las encuestas de Bush II, ya en pleno descenso en la peligrosa escala del 40% al 30%, es un aviso de que, si no se produce una situación excepcional, su gobierno puede haber iniciado el penoso camino del purgatorio político.

Con el corazón del poder estadounidense en estado de crisis, una de las cartas ocultas de los duros de la Casa Blanca es la "huída hacia adelante" por medio de la concreción de otras hipótesis de guerras, donde a Siria e Irán se ha unido, de acuerdo a informes del Pentágono, Venezuela. Serían guerras aéreas de alta intensidad si corresponden al mundo árabe-persa (para no repetir la experiencia de guerra asimétrica de Irak), o de mediana y baja intensidad si involucran a Venezuela, esta vez por medio del Plan Andino.

El enorme déficit fiscal de Estados Unidos, equivalente a sus gastos militares, el posicionamiento cada vez más rápido de China como potencia mundial alternativa, el retorno ruso a la esperanza del "espacio vital" soviético y el malestar europeo ante las torpezas reiteradas y comprometedoras de la Casa Blanca obligan a Bush, después de evaluados ambos frentes –interno y externo–, a tomar decisiones rápidas para avanzar en el proyecto de poder global de los halcones republicanos.

Estados Unidos también está jugando cartas decisivas en su enfrentamiento con el Congreso Bolivariano de los Pueblos, que manifestó su fuerza en Buenos Aires (Cumbre de los Pueblos). Por un lado, la Casa Blanca colocó en la lona a un semipesado como Fox para enfrentar, desde la vereda "hispana", a Chávez. Por otro, su Departamento de Estado, luego de recorrer durante varios años un camino plagado de derrotas, logró que 28 países se plegaran en la Cumbre Presidencial de Mar del Plata a la propuesta de discutir el ALCA, demostrando que ahora la disputa en el Hemisferio es Norte contra Mercosur, además de Chávez contra Bush.

Por otra parte, el Pentágono pudo imponer en el alto poder estadounidense su línea guerrerista continental. El Plan Andino, que debe comenzar en enero, será la punta de lanza y a la vez el gran test para saber si el nuevo concepto de "soberanía cooperativa" (o soberanía trasnacional andina bajo la jefatura del Comando Sur), puede ir más allá de las declaraciones de las cumbres militares.

La evolución de los acontecimientos en Ecuador y Bolivia y las elecciones en Nicaragua decidirán la velocidad que tendrá el Plan Andino. Después le tocará a Venezuela probar hasta dónde llega el poder real de Bush II para ingresar a un conflicto armado en su propio continente.

Chávez y su circunstancia

Chávez, ahora y aquí

"¿Dónde va Chávez?" es el título de la entrevista que le hiciera a Hugo Chávez el director de la revista chilena Punto Final, Manuel Cabieses, cuyo orientador contenido se puede encontrar en Internet (http://www.puntofinal.cl/598/chavez.htm). En la prolongada conversación, fechada a finales de julio de 2005, Chávez hizo memoria sobre el nacimiento del MBR-200, sus nexos con Ruptura (PRV) y Douglas Bravo ("Mis primeros contactos con el mundo político fueron con un ex guerrillero venezolano a quien respeto mucho, Douglas Bravo"), el árbol de las tres raíces (Bolívar, Zamora, Rodríguez), sus contactos con La Causa R ("aquel movimiento que fundó Alfredo Maneiro") y luego describió la historia contemporánea de la Revolución bolivariana.

En la conversación Chávez reconoció que la definición ideológica final de la Revolución ocurrió como respuesta al golpe de abril de 2002. "Es el socialismo", dijo Chávez. De acuerdo con Chávez, el nuevo socialismo será cristiano ("el primer socialista de nuestra era fue Cristo...") y latinoamericano:

> Vamos a hacer el socialismo desde nuestras propias raíces, desde nuestros aborígenes, desde las comunas en Paraguay y Brasil, desde el socialismo utópico que representó Simón Rodríguez, desde el planteamiento de Bolívar de libertad e igualdad, desde el planteamiento de Artigas, el gran uruguayo, de que hay que invertir el orden de la justicia, eliminando los privilegios.

Pero tal vez lo más importante es en que ya en ese momento (el de la entrevista) Chávez tenía una decisión tomada con respecto a los tiempos de desarrollo del proyecto socialista:

Desde el punto de vista del cálculo electoral algunos buenos amigos y compañeros me han dicho que no era oportuno (iniciar el camino al socialismo) (...) Yo no veo la situación de esa manera. Los tiempos políticos no coinciden necesariamente con los tiempos electorales. De aquí a un año hay un siglo.

Al explicar la actual etapa de aceleración Chávez la definió de la siguiente manera: "Estamos en una transición (...). Una transición que me atrevo a llamar democracia revolucionaria, un término del poeta cubano Roberto Fernández Retamar (...). La democracia revolucionaria hay que orientarla hacia el socialismo".

Luego Chávez bajó un peldaño en el concepto y ejemplificó. El nuevo socialismo deberá tener la ética socialista de acuerdo con la visión (y escritos) del Che Guevara (primacía de los estímulos morales, creación del hombre nuevo). Deberá ser cristiano (solidaridad humana). Deberá portar el valor del desprendimiento ("Bolívar abandonó todo por ser útil a su país"). Deberá concentrar el poder en el pueblo ("el partido se subordinará al poder popular"). Deberá reunir igualdad social con libertad. En la economía el modelo tendrá cooperativismo, propiedad colectiva, banca popular y desarrollo endógeno. No habrá manuales previos ("práctica y teoría deben marchar en paralelo"). El capitalismo ("individualismo, egoísmo, odio, privilegios") desaparecerá.

La frase final de Chávez no dejó dudas sobre la dirección del proceso: "Si en algún momento fue oportuno avanzar es ahora. Ahora y aquí". Claro, como el camino es largo —sin fronteras— y tiene muchas curvas, a veces hay que frenar para cargar combustible y revisar el transporte.

Chávez anunció el ingreso del proceso revolucionario a una nueva etapa, la "fase antiimperialista", entendida como "defensa nacional integral" con "participación popular masiva". Exigió que "donde haya un grupo de patriotas deben estar organizándose para la defensa". Militar al fin, Chávez comenzó por identificar al enemigo externo, la alianza del gobierno de Estados Unidos ("asesino invasor, allá está otra vez el imperialismo masacrando pueblos") con los sectores que detentan el poder del Estado colombiano y sus aliados ("No es la primera vez que las oligarquías de allá –Colombia–, y de acá –Venezuela– se unen, y ahora, unidas, el par de lacayos del imperialismo, infiltra a los paramilitares para matar al Presidente"). Los brazos operativos del eje Estados Unidos-Colombia son las Fuerzas Armadas Colombianas, asistidas por el Comando Sur –cuya conducción está localizada en Florida, donde además se encuentran radicados mayoritariamente los cubanos anticastristas–. Todos estos actores fueron acusados por el Presidente, en un primer momento, de ser responsables o "conocedores" de la "invasión paramilitar".

Para enfrentar al enemigo externo, Chávez trazó, en su carácter de jefe de Estado y comandante en jefe de la FAN, las tres líneas estratégicas que regirán la nueva etapa: a) repotenciar la FAN; b) reforzar la unión cívico-militar; c) organizar al pueblo para la defensa territorial. El primer punto le permite, además de preparar la defensa de posiciones en caso de que ocurra una guerra convencional con el eje Fuerzas Armadas de Colombia-Comando Sur, tranquilizar a aquellos oficiales de la FAN que pueden sentir que han perdido, además del monopolio de las armas, el papel central de guardianes de la soberanía territorial. La segunda decisión corresponde al núcleo de la Revolución bolivariana: su carácter cívico-militar ("hasta que se produzca la fusión Ejército-Pueblo"). El tercer aspecto significa la organización integral de la defensa territorial ("en cada barrio, quebrada, isla, campo, universidad, fábrica, selva").

En realidad, el escenario final previsto por Chávez es el de resistencia armada total ("integral"). Chávez no se plantea enfrentar el poder bélico de la alianza Estados Unidos-Colombia en términos convencionales. La hipótesis de confrontación armada pasa por la combinación del combate de posiciones con el concepto de guerra asimétrica o irregular en tierra. Por eso las fuerzas regulares que tienen prioridad en el escenario de conflicto con el eje Colombia-Estados Unidos son el Ejército y la Guardia Nacional ("Bolívar no necesitó aviones ni computadoras para formar un Ejército").

La guerra de emancipación bolivariana ha sido concebida como continental. De ahí que Chávez advierta que puede existir la solidaridad de combatientes de otros países americanos. La posibilidad del cambio de las R (erres), Revolución por Resistencia, la esbozó Chávez en el Foro de Porto Alegre, cuando advirtió que si no podía realizar su revolución en paz, le tocará, como al Che Guevara, apelar a los fusiles. El tiempo juega contra la Revolución —entendida como poder de Estado— y a favor de la resistencia. Más allá de declaraciones de protocolo, todos los caminos conducen a la frontera con Colombia, con prisa y sin pausa.

Pueblo en armas

"Si quieres la paz, prepárate para la guerra". Lo dijo Chávez en su discurso frente a los soldados de la Fuerza Aérea con motivo de los 84 años de fundación de la Fuerza Aérea Venezolana, citando el viejo adagio guerrero romano atribuido a Vegetius. Chávez reiteró, además, que reforzaría la Fuerza Armada para que se encuentre en "mejores condiciones de defender la soberanía, la integridad del país, porque es evidente que está amenazada" y reiteró la importancia de la reserva, definida como "el pueblo en armas", que "es un pueblo asumiendo la corresponsabilidad con el Estado de enfrentar las tareas de la defensa nacional".

Una cuidada publicación dirigida por Miguel Ernesto Salazar y titulada *Pueblo en Armas* trae el mismo titular de portada utilizado por Chávez. " 'Si vis pacem, para bellum' ('Si quieres la paz, prepárate para la guerra')" (*Pueblo en Armas*, julio, 2004). En *Pueblo en Armas* aparecen las firmas o discursos de los generales Raúl Baduel, Melvin López Hidalgo, Jacinto Pérez Arcay, de otros altos oficiales como Ángel Alberto Bellorín, Oscar Aranda Mora, Helys Ramón Quiñónez, de intelectuales como Domingo Irwin y de ex guerrilleros como Julio Chirinos ("El Cabito"). Todos los documentos apuntan hacia la formación ideológica de los militantes civiles y militares de la Revolución bolivariana.

En entrevista realizada por Salazar al general (Ej.) Mario Arveláez Rengifo, comandante del VII Cuerpo de Reserva del Ejército, luego de extensas consideraciones sobre la naturaleza de la Reserva, el oficial, al referirse a la milicia, sostiene que "indicaría la participación popular en la defensa de un país, conducta que se puede enmarcar dentro del criterio de guerra popular, para nosotros el verdadero concepto de guerra". Arveláez Rengifo desarrolla el tema de las diferencias cualitativas que surgen de las guerras asimétricas:

> Debemos tener presentes las experiencias de Estados Unidos en Vietnam y la de los rusos en Afganistán y ahora con el conflicto (de Estados Unidos) en Irak, donde existe la participación directa del hombre, en directa confrontación con la tecnología y el poder armamentista de una potencia.

En el mismo sentido se expresó Raúl Baduel en el discurso que ofreció el 24 de junio de 2004, al conmemorarse el 183 aniversario de la batalla de Carabobo:

> La guerra de hoy es diferente ante la alternativa de la confrontación asimétrica que vislumbramos (...) La

defensa de Venezuela no es exclusividad del militar, no es exclusividad del Ejército y de la Fuerza Armada Nacional, sino que involucra a todos los venezolanos y no se ejerce ante la posibilidad de actuar por una agresión externa solamente, sino que también incluye la posibilidad de enfrentar dificultades internas.

En otras palabras, la guerra se asume como total. La Revolución marcha tomada de la mano con una hipótesis de guerra. Alguna vez lo dijo Chávez:

> Siempre he citado una frase de Clausewitz: la guerra es la continuación de la política por otros medios. La ley conmutativa de las igualdades indica que si la guerra es la continuación de la política por otros medios, también podemos decir que la política es la continuación de la guerra por otros medios. Esto para mí es un combate, una guerra política.

El final asimétrico

Si se llegara a producir la anunciada invasión estadounidense, Chávez tendría que abandonar el poder formal (Estado) para convertirse en jefe de la Revolución, entonces transmutada en resistencia. Cuando Hugo Chávez decidió que el escenario final del proceso bolivariano sería una guerra asimétrica con el enemigo estratégico de la Revolución, Estados Unidos, concentró sus esfuerzos en la preparación de la resistencia cívico-militar de Venezuela, definida como "Defensa Integral de la Nación".

Bajo ese enfoque, varios de los 10 objetivos estratégicos del nuevo mapa de la Revolución pasaron a un segundo plano en el orden de prioridades. Así, mientras algunas de las metas quedaron borrosas en el Mapa Estratégico (nueva estructura social —revolución social—, nueva estrategia comunicacional, nuevo modelo democrático de participación popular —poder popular—, creación de una nueva institucionalidad del Estado –guerra contra la burocratización–, lucha contra la corrupción, nueva estrategia electoral –elección de los candidatos por la base–), otras recibieron tibios impulsos (ejes de desarrollo, zonas de desarrollo con polos de desarrollo y núcleos de desarrollo endógeno).

El énfasis real de la acción oficial fue colocado sobre los objetivos 9 y 10 (profundizar y acelerar una nueva estrategia militar nacional y seguir impulsando el nuevo sistema multipolar internacional), que tienen que ver directamente con la esperada confrontación bélica con el enemigo estratégico: el imperialismo estadounidense, aliado en un eje político-militar con el Estado colombiano.

Doble estrategia

Parte de la preparación para la guerra asimétrica se desarrolla en torno a dos estrategias de alcance continental.

El arma utilizada para la guerra asimétrica es la principal vulnerabilidad del enemigo, el petróleo. La primera estrategia que empuña la jefatura del Estado tiene la finalidad de comprometer políticamente con la Revolución bolivariana, en plena crisis petrolera mundial, la posición de otros Estados que ven en el oro negro venezolano y en el poderío de Pdvsa la solución a graves problemas en sus economías dependientes del petróleo.

La operación se desarrolla en forma de pinzas. Por un lado se formalizan convenios petroleros con los gobiernos del sur del continente (Petrosur, Petrocaribe, Petroandina), otorgándole preferencia a los aliados estratégicos (Cuba, Brasil), a la par que cada Estado firmante queda neutralizado en el enfrentamiento diplomático entre Venezuela y Estados Unidos. Por otro lado, la articulación de Petroamérica le permite a Chávez, mientras se involucran en su proyecto los países interesados en compartir el petróleo venezolano, romper paulatinamente la interdependencia petrolera con EEUU.

La dura posición sostenida por Chávez en la pasada reunión de la Confederación Suramericana de Naciones, donde se negó hasta último momento a firmar la declaración final por considerar que su tono era economicista y no político (geopolítico), confirma que, lo que para varios de los jefes de Estado se reduce a la fórmula petróleo-negocios, para Chávez es petróleo-política (geopolítica). Además, en la medida en que fueron creciendo las reservas internacionales de la Revolución, a la diplomacia petrolera se añadió la diplomacia financiera, estrenada con la compra de bonos argentinos. A ello se agrega la tentadora propuesta de crear un Banco del Sur, con un aporte inicial de varios miles de millones de dólares venezolanos.

La otra estrategia no pasa por el ejercicio de la jefatura de Estado, sino por la conducción revolucionaria y se ejecuta a través del Congreso Bolivariano de los Pueblos. En este caso no se trata de acuerdos entre gobiernos, sino entre partidos políticos y movimientos políticos y sociales. La dirección del Congreso Bolivariano de los Pueblos la ejerce la Secretaría Política, integrada por el Frente Sandinista, el MAS de Evo Morales, el Pachakutik ecuatoriano, el Movimiento Sin Tierra, los Piqueteros, el Farabundo Martí, el Partido Comunista Cubano y los Círculos Bolivarianos de Venezuela.

El Congreso Bolivariano de los Pueblos (2003) se maneja con un programa mínimo, donde los puntos centrales son, entre otros, el rechazo al ALCA, al Plan Colombia y al Plan Puebla-Panamá, la condena al bloqueo a Cuba, la defensa de la Revolución bolivariana y la disposición a luchar "desde los pueblos" contra el imperialismo estadounidense. Los partidos y movimientos integrantes del Congreso Bolivariano de los Pueblos dividen sus acciones entre procesos electorales y agitación callejera. Los ejemplos más claros sobre su metodología se encuentran en Bolivia, Ecuador y Nicaragua. En esos países el MAS, el Pachakutik y el Frente Sandinista han contribuido a tumbar gobiernos con acciones de calle (Bolivia, Ecuador), o los han puesto al borde de la renuncia (Nicaragua), mientras participan en los procesos electorales. Con menor fuerza política y social, pero de similar impacto mediático, son las frecuentes movilizaciones del MST (Brasil) y de los Piqueteros (Argentina).

OPERACIÓN MULTIPOLAR

La estrategia política-petrolera posee una proyección igualmente ambiciosa: la conformación de un mundo multipolar, capaz de enfrentar el plan global unipolar (Nuevo Orden Global) de Washington. En América el proyecto tiene un eje revolucionario (Venezuela-Cuba) que fusiona ambas revoluciones en un destino común. El triunfo de Evo Morales en Bolivia convertirá al "eje" en un triángulo que reunirá petróleo (primera reserva mundial) y gas (segunda y tercera reservas del continente) con Revolución.

A escala intercontinental la Revolución busca aliados antiestadounidenses interesados en el petróleo. Pueden ser tácticos (España, Francia, entre otros) y estratégicos (China, Irán, Rusia). El problema de la Revolución, en este marco global, es que las relaciones geopolíticas y económicas entre las grandes potencias son extremadamente complejas. Tanto los acuerdos antiterroristas como los intereses comerciales (China, Rusia, Unión Europea) pueden aparecer como limitantes de la alianza multipolar estratégica en los momentos decisivos de la esperada confrontación asimétrica Revolución-imperialismo.

EL ÉNFASIS ASIMÉTRICO

La guerra asimétrica significa mucho más que la suma de todas las tácticas bélicas imaginables sin regla alguna que las limite, tal como ocurre en Irak. La guerra asimétrica parte del supuesto de que el enemigo a combatir es más fuerte tecnológicamente y entonces hay que enfrentarlo con base en ideas (creencias o ideología) y creatividad, explotando sus debilidades y minimizando sus fortalezas. Pero la guerra asimétrica también conduce a la entrega del poder del Estado. Si se llegara a producir la anunciada invasión estadounidense (de manera directa o por "extensión" del Plan Colombia II o Plan Andino) Chávez tendría que abandonar el poder formal (Estado) para convertirse en jefe de la Revolución, entonces convertida en resistencia.

La nueva organización cívico-militar establecida (componentes regulares y fuerzas combinadas para la resistencia que pudieran incorporar fuerzas externas) se traducen, en la práctica, en dos etapas de confrontación. La primera sería regular, con los componentes de la FAN asistidos por las fuerzas de resistencia. La segunda, asimétrica, con las fuerzas de la resistencia organizadas de forma descentralizada, pero bajo un mando único (Chávez).

Los efectivos revolucionarios de los componentes regulares se fusionarían con los irregulares. El primer choque tendría rápida definición (Irak). Luego comenzaría lo que Chávez reiteradamente ha definido como la "guerra de los 100 años". En ese momento el deslave se llevaría el sinfín de convenios petroleros Estado-Estado correspondientes a la confrontación formal entre la multipolaridad revolucionaria y el imperialismo unipolar, hasta que se supere la fase de Estado fallido que provoca una guerra asimétrica.

EL QUÉ HACER MILITAR

Se encuentran en circulación dos textos sobre doctrina militar. El primero de ellos es *La Guerra Periférica y el Islam Revolucionario (Orígenes, reglas y ética de la guerra asimétrica)*, cuyo autor es el sociólogo español Jorge Verstrynge, quien se hizo conocer en la política como segundo del caudillo franquista Manuel Fraga. Luego de coquetear con el Partido Popular, el académico fue atraído al PSOE de la mano de Alfonso Guerra, para finalizar reivindicando al islamismo revolucionario como la ideología transformadora del siglo XXI.

Verstrynge fue invitado a participar en el Foro Militar sobre Guerra de Cuarta Generación y Conflicto Asimétrico, realizado en la Academia Militar. Allí dictó una clase sobre el tema. Su libro fue editado por el Ejército de la República Bolivariana de Venezuela en mayo de 2005. En su obra, luego de desarrollar históricamente el concepto de guerra asimétrica, Verstrynge señala que "lo infinitamente ínfimo puede derrotar o, al menos, poner en jaque a lo infinitamente poderoso (David vs. Goliat)".

Verstrynge refiere (Matas, *Conflictos asimétricos*, Madrid, 2003) que

el rival más débil buscará la dispersión de sus fuerzas, diluirá éstas con la población civil donde pueda ser vulnerable, al tiempo que se beneficiará (en términos de propaganda y de simpatía de la población residente) de los daños colaterales que el uso de la fuerza mayor provoca. Sus movimientos serán ágiles y marcadamente agresivos y no estarán asociados a conceptos territoriales... Y sus estructuras serán planas y poco articuladas (pp. 20-21).

Con posiciones radicalmente antiestadounidenses, Verstrynge cita pensamientos de Carlos Illich Ramírez, recuerda la utilidad de poseer armamento nuclear (disuasivo), explica que la guerra total significa "organizar la nación para la guerra" (sociedad de guerra), rescata como "combatiente ideal" de la "guerra ilimitada" al fanático, que "llegará hasta el sacrificio y bien utilizado será un peón fundamental para los dirigentes de la guerra" (p. 63). Casi todas las frases refieren a otros autores.

El otro papel de trabajo circula en la red con el nombre "Pensamiento Militar Venezolano 2005". Aparece como editor-coordinador el general de división retirado (Ej.) Alberto Müller Rojas, mientras figuran como director adjunto el general en jefe Jorge Luis García Carneiro y como directores el vicealmirante y ministro de la Defensa Orlando Maniglia, y el general de división Nelson Verde Graterol.

Un concepto es clave para distinguir la diferencia de criterios entre ambos trabajos. El capítulo V del "Pensamiento militar venezolano 2005" dice: "El conflicto podría tener otras manifestaciones distintas a este enfrentamiento asimétrico directo. Puede expresarse en confrontaciones directas con potencias vecinas o 'quintas columnas' internas. En este caso, el uso de las estrategias y tácticas convencionales es lo apropiado".

Por un lado se compran aviones y corbetas. Por otro, fusiles. Representan dos hipótesis de guerra (convencional y asimétrica) complementarias y, tal vez, consecutivas. También son discusiones de doctrina militar que pudieran orientar nuevas estructuras de poder.

El fin del Plan Colombia

Carratú, López Hidalgo y Colombia

De acuerdo con el vicealmirante (r) Iván Carratú Molina, ex edecán de Carlos Andrés Pérez, "el concepto de guerra asimétrica en contra de Estados Unidos le permite (a Chávez) equiparse militarmente y plantearse una estrategia militar ofensiva hacia Colombia en un momento determinado (...)". La intervención de Estados Unidos "ocurriría a la hora de desatarse una escalada de conflicto activa de Venezuela hacia Colombia o contra otro país" (entrevista con Roberto Giusti, *El Universal*, 11-09-05). Según palabras del Inspector General de la FAN, general de División Melvin López Hidalgo, el Plan Colombia "es una amenaza latente. Nos preocupa que se trate de crear un incidente fronterizo entre ambos países para buscar excusas y aplicar la Carta Democrática, apoyándose también en la matriz de opinión según la cual estamos respaldando la subversión" (entrevista con María Daniela Alvarado, *El Universal*, 12-09-05). Meses atrás, el Comandante General del Ejército, Raúl Baduel, había advertido que una de las hipótesis de guerra que se manejaba en el Alto Mando era que Venezuela pasará a formar parte de la "extensión" de conflictos armados que se desarrollan en "países vecinos" (Plan Colombia).

Los principales voceros militares del Gobierno y de la oposición coinciden, desde distintos puntos de vista, en que el peligro de una guerra de Venezuela con Colombia es real, aunque permanezca "latente". La cuestión es poder determinar el momento exacto del estallido. Uribe quisiera que la explosión aguardara su reelección, si ésta se convierte en realidad. Para Rumsfeld las agujas del reloj comenzarán a girar en sentido inverso a partir de la llegada a manos de la Revolución bolivariana de los esperados 100 mil fusiles rusos Kalashnikov.

Pero el factor tiempo del Plan Colombia II se resolverá cuando Estados Unidos logre sujetar firmemente en la estructura del Plan Andino (fase II del Plan Colombia) las piezas que están flojas (Ecuador) o sueltas (Bolivia). Sin Ecuador no hay Plan Colombia-Patriota ni Plan Andino. El bamboleo del presidente Palacio es insostenible como posición de un gobierno que se encuentra estacionado sobre un piso de papel. Palacio quiere estar bien con Estados Unidos y Venezuela. Asegura que dejará seguir operando la base de Manta, pero afirma que no respalda el Plan Colombia y, por lo tanto, el eje Estados Unidos-Colombia no puede contar con los efectivos militares ofrecidos por Lucio Gutiérrez para garantizar el Plan Frontera Norte, diseñado como muro de contención de las FARC.

La política de Palacio frente al Plan Colombia-Andino es la de un ratón que cree jugar alegremente con dos felinos.

Bolivia formará un triángulo revolucionario con Venezuela y Cuba. Fuera de casualidades geográficas, centenares de soldados estadounidenses ya se encuentran estacionados en la base Mariscal Estigarribia de Paraguay, a 250 kilómetros de la frontera con Bolivia.

Pero el lugar donde se revelará el factor tiempo será en la frontera colombo-venezolana, aunque los primeros elementos de la ecuación –no los únicos– se encuentren en Quito o en La Paz.

El dilema Chávez-FARC

Mientras se realizaba el Festival Mundial de la Juventud y los Estudiantes con el eje conductor Chávez-Castro, paralelamente se desarrollaban en Caracas, del 10 al 12 de agosto de 2005, bajo el silencio –o desconocimiento– de los medios, el Primer Congreso Continental Bolivariano por Nuestra América y el Primer Congreso Indígena Grancolombiano, organizados por la Coordinadora Continental Bolivariana (CCB), Internacional Bolivariana paralela al Congreso Bolivariano de los Pueblos (CBP).

Una airada carta abierta de la Dirección Ejecutiva de la CCB dirigida a Fernando Bossi, secretario de Organización del Congreso Bolivariano (CBP), y fechada luego del secuestro de Rodrigo Granda, explica las molestias de la Coordinadora con el Congreso. Allí se puede leer: "La Coordinadora (CCB) ha sido objeto de una campaña que pretende marginarla del (Segundo) Congreso Bolivariano (CBP). Este Congreso, donde Venezuela y Cuba juegan un papel importante, es un espacio de encuentro de los bolivarianos de toda América Latina". De acuerdo con la carta de la Coordinadora (publicada en www. jotaceve.org) la gestación de la CCB se produjo durante la "Campaña Admirable", una marcha de militantes bolivarianos realizada en 2003 desde Cartagena hasta Caracas, que tuvo en Fuerte Tiuna su punto de llegada y significó un inicio feliz para la relación revolucionaria grancolombiana. Así, sigue la misiva, "no dudamos un instante en atender la invitación al Palacio de Miraflores que nos hicieran en agosto de 2003 para participar en el (Primer) Congreso (CBP)".

Pero luego llegó la ruptura. "Hasta la acreditación para participar en el (Segundo) Congreso del CBP le fue escamoteada a nuestro secretario ejecutivo sin respetar que también eramos convocantes y organizadores del evento". La explicación viene a continuación. La Coordinadora (CCB) habría sido señalada de ser "instrumento de las FARC, que sólo busca tomar el Congreso Bolivariano de los Pueblos para legitimar a dicha organización guerrillera". Luego llega la respuesta:

Se equivoca (Fernando Bossi). Sin ser instrumento de nadie, somos solidarios con la insurgencia colombiana y con la rebeldía de quienes en el Continente han tomado el camino legítimo de la combinación de todas las formas de lucha para librarse de la explotación y del imperialismo.

La Coordinadora reivindica en esa línea de pensamiento a James Petras, Heinz Dieterich y Felipe Quispe, entre otros intelectuales de izquierda y dirigentes indígenas.

En otra carta, de Manuel Marulanda Vélez, máximo jefe de las FARC-EP y divulgada por la Agencia Bolivariana de Prensa, se puede leer:

> Sobre la consulta del Ejecutivo de la Coordinadora Continental Bolivariana de si es posible mi inclusión como presidente honorario, les puedo decir que acepto con mucho gusto, aunque desde esta distancia es poco lo que se puede ayudar a la nueva generación de revolucionarios, pero sí es un buen comienzo para el futuro.

Chávez, Fidel y el Congreso Bolivariano de los Pueblos representan un liderazgo y una forma organizativa. Otro acuerdo, tácticamente distinto, impulsan Marulanda, Quispe, y la Coordinadora Continental Bolivariana. Pronto conoceremos alguna de esas sorpresas que suelen acompañar al futuro.

Uribe, Marulanda y Chávez

Uribe ha declarado formalmente la guerra a la insurgencia colombiana. El presidente de Colombia ha asegurado que no hay ya caminos hacia la paz. La guerra de Uribe tiene dos enemigos estratégicos: la insurgencia bolivariana colombiana y la Revolución bolivariana venezolana. Gómez Hurtado, el senador que impulsó la petición a la OEA para que se aplicara la Carta Democrática en Venezuela, lo expresó con franqueza. Gómez dijo que la suerte del Estado colombiano se encontraba atada al destino del proceso político venezolano.

Es una cuestión de sentido común. En Colombia hay una poderosa guerrilla, las FARC, que se reivindica revolucionaria y bolivariana. En Venezuela hay un poder de Estado que se identifica como revolucionario bolivariano. Las FARC han declarado una y otra vez que perciben al gobierno de Chávez como amigo del proyecto revolucionario bolivariano. Chávez se ha mostrado neutral ante el conflicto bélico colombiano, pero su discurso nunca ha cesado de atacar la oligarquía colombiana.

Para tratar de finalizar la guerra colombiana se montaron negociaciones de paz entre la insurgencia y distintos gobiernos colombianos. El último "diálogo" realizado entre la guerrilla y el gobierno de Pastrana estuvo desde el principio condenado al fracaso. Pero le permitió a la guerrilla extenderse hacia el interior de las ciudades y transformarse en rural-urbana. Mientras tanto, las Fuerzas Armadas colombianas lograron crecer en hombres y pertrechos en el marco del Plan Colombia, producto de la conformación de un eje político-militar entre Estados Unidos y Colombia. La conversación de paz fue, en realidad, un proceso de acumulación de fuerzas entre las partes enemigas, que se prepararon para un conflicto de naturaleza distinta. Es decir, total.

Daniel W. Christman, uno de los autores del informe "Andes 2020", elaborado por el Consejo de Relaciones Exteriores (CFR, por sus siglas en inglés) en el año 2004, afirma en ese documento que la fumigación de los cultivos de droga "está desconectada con la realidad rural de la región". Daniel W. Christman se ha desempeñado como encargado de relaciones internacionales de la Cámara de Comercio de Estados Unidos. El papel de trabajo indica que "el conflicto armado, el narcotráfico, el peso regional del país, su influencia económica y las fronteras que comparte con tres de los cuatro países andinos la convierten en el punto más álgido de Los Andes". El fracaso de Colombia –léase Plan Colombia– señala el informe, compromete la seguridad en Los Andes y en el Hemisferio.

Otro informe, auspiciado por el PNUD (2003), "El conflicto, callejón con salida", destaca que "la internacionalización del conflicto colombiano es poco más que un eufemismo para decir que su evolución depende más y más de Washington". Acusa a Estados Unidos –igual que "Andes 2020"– de actuar con "miopía" en la crisis andina. Para "Andes 2020" la miopía de Estados Unidos consiste en haber centrado la mira en el "foco antinarcóticos".

Por todo esto Uribe ha planteado la guerra contra la insurgencia como de base militar, tesis de los halcones del Comando Sur. Ahora el Plan Colombia será Colombia-Patriota. La primera etapa se desarrollará en Colombia y luego pasará a ser Colombia-Andino (Patriota). En ese momento tomará forma el Plan Venezuela, frontera mediante.

EL ESPACIO GEOPOLÍTICO BOLIVARIANO

De acuerdo con un titular de primera página de *La Razón* del 21 de noviembre de 2000, el Comandante Ariel, de las FARC, en entrevista exclusiva para ese medio realizada por el periodista Fernando Olivares Méndez, afirmó lo siguiente: "Te expreso que las FARC son una fuerza bolivariana; al tomar el poder asumiremos el bolivarianismo como ideología del nuevo Estado y declararemos a Colombia como República Bolivariana".

Al referirse a la posibilidad de una invasión a Colombia por parte de fuerzas militares de Estados Unidos, Ariel dice:

En cualquier caso, se daría una unión con la consigna de defender la patria. En cualquier caso, habría combates en cualquier zona del territorio colombiano donde haya intervención extranjera; también se combatiría en los países que se presten a colaborar con los invasores.

Días antes, el 11 de noviembre, el diario *El Globo* reproducía, bajo la responsabilidad periodística de Jesús Eduardo Brando, parte del informe elaborado por la Comisión de Defensa de la Asamblea Nacional Constituyente, suscrito por los militares –bolivarianos– Francisco Visconti y Ronald Blanco La Cruz. Allí se sostiene que

> Prácticamente todo el territorio fronterizo de los departamentos colombianos vecinos a Venezuela, con la excepción de las ciudades y los mayores centros poblados, se encuentran bajo el control de los grupos irregulares colombianos, principalmente las FARC y el ELN... Esta situación permite que esos grupos actúen impunemente sembrando el terror, no solo en el territorio colombiano, sino también del lado venezolano, donde practican robos, secuestros, extorsiones, intimidaciones y además usan esas zonas como 'territorios de aliviadero' con colaboración de sus connacionales que viven en nuestro país y de algunos habitantes de la región que son venezolanos.

El importante documento sostiene igualmente que

> Las FARC están proponiendo la creación del gran estado independiente del Casanare, compuesto por los departamentos colombianos de Boyacá, Arauca, Casanare, Vichada y parte del municipio Páez, de Apure (...) El ELN está proponiendo la creación del corredor ABC, compuesto por los departamentos colombianos de Arauca, Boyacá, Casanare y parte del municipio Páez del estado Apure.

En otra entrevista concedida a *El Universal* y realizada por Roberto Giusti, el comandante Raúl Reyes, vocero de las FARC, luego de confirmar que: "Tuvimos distintos niveles de comunicación (con Chávez) antes de que fuera Presidente de la República", declara que la fuerza revolucionaria a la que pertenece es ideológicamente "marxista-leninista-bolivariana". Ante la pregunta de Giusti "¿Cómo es el Presidente Chávez?", lanzó una respuesta contundente: "Igualitos. Nosotros somos hermanos de Venezuela".

Ahí están, entonces, otros elementos que hacen de nuevo soporte a las constantes afirmaciones del Presidente Hugo Chávez de que él es un revolucionario "sin marcha atrás". A Chávez hay que creerle cuando suelta a los cuatro vientos su condición de revolucionario bolivariano. Además hay que creerle cuando advierte que en su revolución no hay cabida para los "neutrales". El cuadro cada día se completa más. A decir verdad, Chávez jamás se ha reivindicado públicamente como marxista-leninista. Pero sí como revolucionario bolivariano.

El proceso revolucionario colombiano comienza a diseñarse claramente como bolivariano y continental, con la Colombia insurgente y la Venezuela de la V República como posible eje de apuntalamiento, mientras Cuba hace las veces de faro histórico de la Revolución bolivariana para la era que se inicia. Lo que ayer parecía una especulación, hoy ya no lo es. Chávez lo dice, una y otra vez: "El que tenga ojos, que vea, y el que tenga oídos, que escuche".

Lo primero que puede inferirse de las declaraciones de los comandantes guerrilleros y del informe de Visconti y Blanco La Cruz es que un nuevo concepto geopolítico ha comenzado a llevarse a la práctica: el del "espacio vital" bolivariano. La zona de combate, de producirse una hipotética invasión estadounidense, es tan amplia como América Latina.

Lo que afirman los jefes guerrilleros y lo que sostiene Chávez está en marcha: la reconstrucción de la Patria Grande, ahora concebida como América Latina y el Caribe. Lo que parece imposible es que pueda llevarse a cabo como lo quiere Chávez. Es decir, por una vía "pacífica y democrática".

PLAN COLOMBIA Y PLAN ANDINO

PLAN COLOMBIA Y "ANDINIZACIÓN"

El déficit presupuestario de Estados Unidos ascendió a un nivel sin precedentes de 480 mil millones de dólares en el 2004 y llegará a casi 1,4 billones de dólares en la década próxima, de acuerdo con la Oficina Presupuestaria del Congreso de ese país. El déficit fiscal del año 2005, que concluyó el 30 de septiembre, rebasó los 400 mil millones de dólares. Los gastos de defensa y seguridad sobrepasaron en el año 2003 los 400 mil millones de dólares.

La guerra global (guerras preventivas, vigilancia global, inversión en nuevas tecnologías, etcétera) ha llevado a Estados Unidos a la militarización de la estructura económica de la nación. La gigantesca inversión militar de Estados Unidos en un proyecto que tiene como fin, además de desarticular las redes terroristas, lograr el control hegemónico global, debe encontrar un punto de retorno razonable para justificar el esfuerzo nacional ante la opinión pública estadounidense.

Sin llegar a tener la dimensión del conflicto del Medio Oriente, América Latina también forma parte de la globalización militar estadounidense bajo el nombre inicial de Plan Colombia, luego ampliado a Andino (Iniciativa Andina), y en condiciones de transformarse, si existe la necesidad, en Plan América. La globalización militar hemisférica consiste en la formación de un eje político-militar Estados Unidos-Colombia para la región andina y en la instalación de bases militares estadounidenses en casi todo el continente. Su soporte es el Comando Sur. El

Plan Colombia fue diseñado para lograr sus objetivos militares en el año 2005. En ese momento debía arrancar formalmente el Área de Libre Comercio de Las Américas (ALCA). Al ALCA se oponen, por un lado, Brasil, que pide negociar un ALCA "light", y para ello busca el respaldo de los países miembros del Mercosur, y los gobiernos y movimientos que constituyen el eje de la Revolución bolivariana, en una posición más radical, planteando como alternativa el ALBA.

En el caso específico de Venezuela, se rechaza igualmente la posibilidad de participar en la lucha contra la guerrilla colombiana. Todo esto ha traído como respuesta la presión política y diplomática de Estados Unidos contra el gobierno de Venezuela y el despliegue militar de unidades de élite de la Policía Nacional colombiana en la frontera con Venezuela.

La región andina (Colombia, Perú, Bolivia, Ecuador, Venezuela) es, desde inicios de los 90, el mayor foco de inestabilidad continental y está bajo el anuncio de la constitución de un Estado guerrillero paralelo por parte de las FARC. La guerra colombiana no tiene fronteras de ningún tipo, lo cual puede llevar a un desenlace de "paz caliente", con ciclos de guerra sin reglas de juego. En esta nueva forma de guerra se mezclan guerrilleros, soldados regulares, policías, mercenarios, hampa común, violencia urbana. Convergen tácticas de guerrilla con tácticas de contrainsurgencia (miedo, odio). Aparece la economía irregular (secuestros, vacunas, contrabando de mercancías ilícitas de diverso tipo).

La "andinización" de la guerra busca comprometer a los gobiernos de los países vecinos a Colombia con el fin de intervenir en el conflicto para combatir contra las guerrillas colombianas hasta lograr que estas negocien un acuerdo de paz bajo las condiciones impuestas por el gobierno colombiano. La "andinización" representa el intervencionismo pos-Guerra Fría: presión y apoyo (según el caso) a los países andinos para crear un "cordón sanitario" militar alrededor de Colombia, por una parte, y desarrollo de planes para un potencial uso mayor de la fuerza con la eventual participación de países amigos del Plan Colombia. La "andinización" busca igualmente involucrar militarmente en ese cordón antiguerrillero a otros países del Hemisferio. En último caso queda el unilateralismo (Seguridad Nacional de Estados Unidos-Plan Colombia) (Ver: http://www.cidob.org/Castellano/Publicaciones/Afers/54-55totaklian.html).

La política de ampliar a la región andina el Plan Colombia ya fue esbozada por el Departamento de Estado en el documento "Política de Estados Unidos con respecto a la Región Andina", del 17 de mayo de 2001. El documento plantea la colaboración de Estados Unidos con los gobiernos de la región para "hacer frente al desorden que impera en las zonas fronterizas". Ecuador figura con el Plan Frontera Norte, Brasil con el Plan Cobra, Bolivia tiene el Plan Dignidad y Panamá debe garantizar el cierre del círculo contra la guerrilla colombiana en el Darién.

A las bases del Comando Sur de Colombia (especialmente Tres Esquinas), Ecuador (Manta, Escuela de Selva de Coca), Perú (Iquitos, Nanay, Loreto), Aruba, Curazao, Puerto Rico (Vieques), y Cuba (Guantánamo), se han incorporado bases o zonas militares en Panamá, Nicaragua (Operativo Nuevos Horizontes), El Salvador (Comalapa), Costa Rica (Aeropuerto de Liberia-patrullaje conjunto), Honduras (Tegucigalpa, Palmerola), Bolivia (Chapare), Argentina (Misiones, Triple Frontera) (ver http://www.rebelion.org/plancolombia/serrano230502.htm).

Hay Fuerzas Especiales (SOF) en todos los países del continente. Se modernizaron los sistemas de radar de los aeropuertos Reina Beatrix en Aruba y Hato International en Curazao y se reanudaron los vuelos de interdicción que tendrán como objetivo central la frontera colombo-venezolana. Estados Unidos avanza como un tractor por la geografía latinoamericana y caribeña. Le falta medir la resistencia de la Revolución bolivariana.

La "andinización" de la Revolución

El 10 de agosto de 2003, en el programa *Aló, Presidente*, Evo Morales y Hugo Chávez sostuvieron un diálogo que pudieron escuchar millones de personas. "En Bolivia hay intereses para que el gas no solamente sea para las trasnacionales, sino para Estados Unidos", dijo Morales. "Sin pretender ningún tipo de injerencia, esto lo digo por el interés de los pueblos de América Latina, ojalá que ustedes no privaticen el gas para que podamos conformar entre todos los países Petroamérica", respondió Chávez. Morales siguió: "Comparto perfectamente cómo es que recursos como el petróleo pueden ser la base de la unidad latinoamericana", a lo cual Chávez agregó que en la misma línea estaba Ecuador, país con el cual ya se había firmado un acuerdo de cooperación técnica.

Anteriormente, el lunes 14 de abril, en el marco de las celebraciones del aniversario por el retorno de Chávez al poder, el jefe de Estado se reunió en Miraflores con Evo Morales, Blanca Chancoso, dirigente indígena ecuatoriana; Rafael Alegría, líder indígena hondureño, y un periodista de la agencia Narco-News, quien reseñó parte de lo conversado entre los cinco asistentes a la cita. Con unas breves palabras se selló el pacto por la Revolución bolivariana: "Sebemos Chá'llar por la unidad bolivariana", expresaron los dirigentes nativos, según el periodista de Narco-News, quien tituló su nota "Globalizar la revolución bolivariana". Durante más de una hora se trataron otros asuntos, pero "comprenderán, amigos lectores, fueron confidenciales, así como motivadores", concluyó el elegido cronista (ver http: //216.239.39.104/custom?=cache:ug7oP-7-c20J: narconews.com/Issue29/artículo746.htm).

En su última visita a Argentina, en las reuniones que sostuvo con los integrantes del Congreso Anfictiónico Bolivariano, Chávez planteó la necesidad de

refundar el movimiento incorporando a organizaciones como los campesinos cocaleros que lidera Evo Morales en Bolivia, el movimiento indígena Pachacutik de Ecuador, el Movimiento Sin Tierra en Brasil, los Piqueteros de Argentina, junto con partidos políticos y otros movimientos sociales, además de los ya incorporados.

El programa mínimo de acción acordado fue "luchar contra el ALCA, rechazar el pago de la deuda externa y condenar la creciente militarización del Continente a instancias del Pentágono" (Plan Colombia) (http://216.239.37.104/custom?q=cache: kMakEBWqTGIJ:www. nuestrapropuesta.org.ar/ante...).

El 15 de octubre de 2003 Evo Morales declaró a Radio Caracas Radio que no recibía ayuda financiera de Chávez, pero, de acuerdo a la versión del diario *El Comercio*, del Perú, "reconoció su admiración a la revolución bolivariana de Chávez, porque se inició con una Asamblea Constituyente y con el poder originario del pueblo". Morales es, además, admirador de Fidel Castro y de la Revolución cubana y ferviente partidario de la internacionalización de la Revolución. El proceso indígena-bolivariano-revolucionario de Bolivia es tan real como el proceso cívico-militar revolucionario de Venezuela. Ambos forman la vanguardia, con la insurgencia colombiana, del proceso bolivariano revolucionario en la región andina. Pronto deben agregarse Ecuador y Perú.

Por ahora, la "andinización" revolucionaria camina más rápido que la "andinización" del Plan Colombia.

El Plan Patriota-Andino

La reunión Bush-Uribe del 4 de agosto de 2005 formalizó el respaldo de la Casa Blanca a la continuación del Plan Colombia, originalmente diseñado para finalizar el año 2005. Posiblemente se le cambie el nombre al Plan Colombia para dar paso a la llamada Iniciativa Regional Andina (Plan Andino). En 2003 había nacido el Plan Patriota, excluyentemente militar, bajo la coordinación del Comando Sur.

La puesta en marcha del Plan Andino afianza las posiciones del Pentágono en materia de política regional, algo inevitable a partir de la derrota del Departamento de Estado en la última cumbre de la OEA. Allí Estados Unidos no pudo imponer la teoría de la "diplomacia preventiva", ideada para impulsar la doctrina de "democracias preventivas", variante política de las denominadas "guerras preventivas".

El concepto de "Iniciativa Andina" –regionalización del Plan Colombia para "fortalecer la lucha antinarcóticos y preservar la democracia"– fue interpretado por James Hill, ex jefe del Comando Sur, de manera diáfana:

> La guerra en Colombia no es solamente una guerra de Colombia, sino de todos sus vecinos y también una guerra para todo el mundo: a mí me parece que debe ser una pelea en la que participen todos los vecinos regionales. Espero que Venezuela se dé cuenta de ello.

En otras palabras, para el Comando Sur la nueva etapa será de "andinización" de la guerra o "guerra andina".

La guerra colombiana (ya no puede llamarse "conflicto interno") lleva décadas. Actualmente atraviesa la etapa del Plan Patriota, que volcó hacia el Sur colombiano entre 15 y 17 mil efectivos militares colombianos apoyados por el Comando Sur. Con la decisión de iniciar la "fase andina" habrá un nuevo enemigo potencial a enfrentar en la visión de blanco o negro del Comando Sur. Ese enemigo será la Revolución bolivariana, en proceso de fusión con la Revolución cubana.

Mientras Colombia sigue su guerra, la pulseada política entre Estados Unidos y Venezuela tiene focos de máxima tensión en Ecuador y Bolivia. En Ecuador, el gelatinoso Alfredo Palacio, quien desde que heredó la Presidencia no ha hecho sino jugar al ratón con dos gatos, uno fuerte (Estados Unidos) y el otro habilidoso (Venezuela), ha tomado la decisión de apartar de su gobierno al incómodo ministro de Economía, Rafael Correa, por haber aceptado la diplomacia petrolera y financiera de Caracas. Algo parecido le había ocurrido al ministro de Gobierno (Interior), Mauricio Gándara, quien apenas un día después de la toma de posesión de Palacio afirmó que Ecuador revisaría el acuerdo sobre la base de Manta, pilar de la "andinización" del Plan Colombia, para ser inmediatamente desmentido por su Presidente.

En la nueva carrera latinoamericana y caribeña contra el reloj, la Casa Blanca logró imponer el Acuerdo de Libre Comercio de América central (Cafta, por sus siglas en inglés, asunto de "seguridad nacional" para Donald Rumsfeld), instaló tropas en Paraguay, vecino de Bolivia, por un lapso que va desde el 1 de junio de 2005 hasta el 31 de diciembre de 2006, contempla el desmoronamiento del PT de Lula y espera a Kirchner en la bajadita. Mientras tanto, el Pentágono anunció la creación del Equipo de Operaciones Psicológicas (JPSE), imprescindible en las denominadas guerras de cuarta generación.

EL PLAN COLOMBIA

Varios mandatarios colombianos intentaron infructuosamente adelantar planes de confrontación o de paz para acabar con la guerrilla. El Plan Laso (Guillermo León Valencia), el Estatuto de Seguridad (Julio César Turbay Ayala) y el Plan de Guerra Integral (César Gaviria) precedieron al Plan Colombia. En 1990, George Bush (padre) envió un equipo comandado por un oficial de la Armada perteneciente a una agencia de inteligencia para tener contacto con sus pares colombianos. Así se creó un sistema de redes de inteligencia entre militares estadounidenses y colombianos.

En 1992 el embajador Morris Busby pidió la colaboración de la Fuerza Delta para capturar a Pablo Escobar. La operación fue exitosa. Escobar fue localizado y ejecutado en diciembre de 1993. Busby insistía en que era necesario combatir paralelamente guerrilla y narcotráfico. Esa tesis se instaló rápidamente en el Departamento de Estado. Cuando Andrés Pastrana llegó a la Presidencia de la República dio como un hecho el logro de la paz con las FARC. Por eso planteó un proyecto internacional para la reconstrucción de Colombia (Plan Marshall para Colombia), que Washington convirtió rápidamente en un plan para atacar el narcotráfico y eliminar la insurgencia. Así nació el Plan Colombia, diseñado por un equipo del Departamento de Estado, especialistas del Comando Sur, Planeación Nacional de Colombia y asesorado por algunos técnicos de la OXY. Por su parte, la Unión Europea asumió el Plan Colombia en su aspecto social, apartándose del componente bélico.

El Plan Colombia se diseñó para obtener sus metas en 5 años (2000-2005). Para su desarrollo se previeron, en principio, 7.500 millones de dólares, de los cuales Colombia aportaría 4.500 millones, Estados Unidos 1.300 millones y otros gobiernos e instituciones de la comunidad internacional el resto (España, Noruega, Japón, ONU, Banco Mundial, FMI, CAF, etc.).

Dentro del esquema original del Plan Colombia la frontera colombo-venezolana correspondía a la Fase 3 (la última). La etapa 1 (2000-2001) comprendía Putumayo y Caquetá (sur de Colombia); del 2002 al 2003 operaría sobre los Departamentos del Meta y Guaviare (etapa 2), y del 2004 al 2005 Santander y Norte de Santander, que hacen frontera con Táchira y Zulia (etapa 3).

HACIA EL PLAN ANDINO

Paralelamente se instrumentó, en el año 2002, el plan "Iniciativa Andina", con el argumento de que el Plan Colombia debía regionalizar la lucha antinarcóticos y fortalecer la democracia. Bush solicitó al Congreso 882 millones de dólares para comenzar a aplicar el Plan Andino (350 millones son para ayuda militar). La "andinización" del conflicto conduce a las puertas de la Amazonia. La cuenca del río Amazonas abarca parte de Colombia, Brasil, Perú, Venezuela, Ecuador, Bolivia, Guyana y Surinam. La Amazonia posee la mayor extensión de bosques del planeta y una gran variedad biológica de ecosistemas, especies y recursos genéticos.

La "andinización" fue originalmente propuesta en el documento del Departamento de Estado "Política de Estados Unidos con respecto a la Región Andina". La motivación política puede encontrarse fácilmente. En el documento se puede leer que los esfuerzos de Estados Unidos "deben enfocarse en fortalecer su capacidad (la de los gobiernos de los países andinos) de hacer frente al desorden que impera en las zonas fronterizas", para lo cual "las naciones anfitrionas necesitarán nuestra ayuda para seguir adelante con la modernización racional y apropiada del equipo militar para reemplazar equipo obsoleto" (citado en www. rebelion.org/plancolombia/serrano230502.htm).

El Plan Colombia fue un fracaso. De acuerdo con Roger Noriega, ex secretario adjunto para Asuntos del Hemisferio Occidental, en declaraciones realizadas ante la Comisión de Reforma Gubernamental de la Cámara de Representantes de Estados Unidos, "el 90 por ciento de la cocaína y un porcentaje significativo de la heroína llega a Estados Unidos desde Colombia", mientras "cerca de 30.000 terroristas bien armados, financiados por las drogas, operan todavía en Colombia, afectando la capacidad del gobierno de ofrecer seguridad y servicios a los ciudadanos" (http://usinfo. state. gov/espanol/colombia/04061802.htm). Por su parte, el informe "Andes 2020" señala que la producción de drogas se ha desplazado a otros países andinos, además de que la fumigación de cultivos de coca carece de mecanismos para evitar que la planta no vuelva a sembrarse (CNN en español, NY, 09 de enero de 2004).

Fue así como apareció en escena el Plan Patriota, cuyo objetivo único es bélico. El Plan Patriota es la respuesta a los errores del Plan Colombia, y está destinado a prolongar la guerra contrainsurgente, ya con características andinas. La primera fase del Plan Patriota comenzó con un despliegue de 14 mil efectivos, en el Sur colombiano. Por ahora, 220 millones de dólares han sido aprobados para su ejecución. El fantasma de Vietnam resurge, no solamente en las arenas de Irak, sino también en América Latina.

El Plan Andino (2006-2010)

Luis Alberto Moreno, ex embajador de Colombia en Washington y hoy presidente del Banco Interamericano de Desarrollo reveló a la revista colombiana *Cambio* información importante sobre el Plan Colombia.

Durante la invitación que le hizo al presidente Uribe a su rancho de Crawford, en Texas, el presidente Bush le dijo que habría Plan Colombia para cinco años más. Eso lo confirmamos aquí en Washington en la reunión que tuvo el presidente Uribe con los líderes del Congreso. En ella demostraron que, a pesar de la complejidad económica creada por el huracán Katrina, tanto los demócratas como los republicanos conservan el espíritu de mantener la ayuda a Colombia durante varios años.

La información corre el velo que mantenía en secreto los detalles de la reunión Uribe-Bush celebrada en agosto de 2005: la extensión del Plan Colombia (Plan Andino) corresponde a los años 2006-2010. El Plan Colombia fue un fracaso. Por eso viene el Plan Andino, que abarcará toda la región, incorporando como objetivos, además de la guerrilla colombiana y el narcotráfico, a los llamados "populismos radicales", donde Venezuela (Chávez), Bolivia (Evo Morales) y Ecuador (Pachakutik) pasan a ser blancos político-militares en la mira del Comando Sur.

La actual "paz retórica" entre Bogotá y Caracas, pactada luego del caso Granda con el visto bueno de Washington, es solamente una tregua táctica. La relación entre Estados Unidos y Colombia es estructural. Moreno la explica:

> Este año el comercio entre los dos países (Estados Unidos-Colombia) moverá unos 10 mil millones de dólares, y eso es una barbaridad. Washington entiende que una Colombia mejor es clave para la seguridad nacional norteamericana. Nuestro comercio con Estados Unidos es el 45% del total.

Lo que decida la Casa Blanca con respecto al Plan Andino lo ejecutará Nariño. Por ahora, Uribe trata de ordenar su frente interno (reelección, consolidación política, reorganización militar para la nueva etapa), mientras Estados Unidos, además de sacar sus cuentas petroleras, sigue con atención los movimientos en

Ecuador (zigzagueo de Palacio ante el Plan Andino), Bolivia (elección de Morales) y Perú (crisis de la democracia representativa y descontento social, con ascenso de Humala). Mientras tanto, Chávez y Morales aceleran sus procesos revolucionarios.

Las liebres están sueltas en la región andina. Cualquiera de ellas puede saltar cuando menos se espere.

Ecuador y Plan Andino

El Plan Colombia II o Plan Andino debe arrancar en enero de 2006. La información fue proporcionada por Oswaldo Jarrín, ministro ecuatoriano de Defensa. Ecuador comparte con Colombia 586 kilómetros de frontera, que reúne a los dos países precisamente en el área donde se desarrolla el Plan Patriota (Sur colombiano), versión excluyentemente militar del Plan Colombia. En el diseño (Comando Sur) del Plan Colombia II (Andino), Ecuador debe garantizar el "blindaje" de su frontera norte (Plan Frontera Norte) para operar contra la guerrilla, el narcotráfico y los llamados "populismos emergentes", en caso de ser necesario (ejército multinacional antiterrorista).

Ese objetivo político-militar estratégico del eje Washington-Bogotá estaba garantizado por el ex presidente ecuatoriano Lucio Gutiérrez. Pero su derrocamiento por parte de una coalición de fuerzas indígenas, de izquierda y nacionalistas, instaló en la calle un nuevo poder que se opone a la participación de Ecuador en el Plan Colombia-Andino. La coalición pide la salida del Comando Sur de la base de Manta, cedida por el gobierno de Ecuador a Estados Unidos en 1999 por un lapso de 10 años (el Comando Sur dispone de la base aérea Eloy Alfaro y dirige la Escuela de Selva de Coca, donde se entrenan militares brasileños, colombianos y ecuatorianos en técnicas de guerra contrainsurgente), exigen la expulsión de las trasnacionales petroleras, el cese de las fumigaciones en el área fronteriza, la paralización de la discusión del Tratado de Libre Comercio entre Estados Unidos y Ecuador y la convocatoria a una asamblea constituyente. De consolidarse esa nueva realidad política, significaría mucho más que un vuelco de 180 grados en la política interna ecuatoriana. Representaría un giro estratégico en la posición de Ecuador con respecto a Estados Unidos y hacia el Plan Colombia-Andino.

El impredecible presidente Palacio ha cedido parcialmente ante el acoso de las organizaciones indígenas y de izquierda. Hoy –después de la caída de Gutiérrez– las relaciones entre Colombia y Ecuador están congeladas por los desacuerdos en materia de "temas fronterizos, migratorios, ambientales, política exterior, política antidrogas y la visión sobre el conflicto armado de Colombia y sus impactos", según voceros de la Cancillería ecuatoriana (eluniverso.com, 4 de septiembre de 2005). Además, Jarrín ha sostenido que Ecuador no considera "terroristas" a las FARC (posición idéntica a la de Brasil y Venezuela, que en la práctica legitiman a las FARC como "fuerza beligerante" –sujeto de derecho internacional–).

Mientras Palacio le pedía a Venezuela que le comprara bonos de la deuda o que le proporcionara ayuda petrolera, asegurándole a Chávez que Ecuador forma "un puño" con la Revolución bolivariana, Nariño le otorgaba asilo a Lucio Gutiérrez bajo el argumento de que Colombia aplica una "antigua y respetable tradición" en la materia y que Gutiérrez "fue electo democráticamente en una nación amiga", en clara alusión a la ilegitimidad de origen de Palacio. En Ecuador las piezas del conflicto regional ya están en movimiento.

El inicio del Plan Andino

Las Fuerzas Armadas de Ecuador han fortalecido su frontera con Colombia por temor a acciones de las FARC como consecuencia de la entrega de Simón Trinidad al gobierno de Álvaro Uribe. Brasil informó que 3 mil efectivos militares se unieron a los 22 mil que se encontraban en la frontera amazónica que hace límites con Colombia y Venezuela, dentro de lo previsto en el Plan Calha Norte (corredor de seguridad).

El Plan Andino busca la conformación de una fuerza militar multinacional latinoamericana para crear un "cordón" antiguerrillero, que pronto puede ser sencillamente contrarrevolución, en cualquiera de sus manifestaciones (guerrillero, insurreccional, terrorista, "populista radical", antisistema).

Bush presiona sobre Argentina y Brasil para mantenerlos fuera del juego andino, algo que hoy pasa no solamente por Colombia, sino también por Venezuela y Bolivia. Las advertencias a los gobiernos nacional-reformistas de Kirchner y Lula recuerdan igualmente que las fuerzas armadas de ambos países pueden ser nacionalistas, pero son antiizquierdistas. La confesión de Kirchner sobre la petición que le hizo Bush en Monterrey (aislar a Chávez), realizada a través de su canciller Bielsa, es un aviso a los revolucionarios del continente.

Por ahora, Lula guarda silencio y Kirchner aclara que el "eje" lo tiene Argentina con Brasil. En corto tiempo se sabrá si existe un eje estratégico Brasilia-Buenos Aires-Caracas, o si este es solamente un eje táctico que soporta dos ejes estratégicos de naturaleza distinta (Brasilia-Buenos Aires y La Habana-Caracas). De esa revelación dependerá la velocidad de la confrontación entre el proyecto global y el revolucionario en la región andina y la posibilidad de que el Plan Colombia-Andino se transforme en Plan América.

CHÁVEZ, HILL Y LA GUERRA ANDINA

Las declaraciones del ex jefe del Comando Sur de EEUU, general James Hill, al anunciar la "creciente cooperación" de Brasil, Ecuador, Panamá y Perú en la lucha contra la guerrilla que se libra en Colombia, incluyeron un reclamo al gobierno de Venezuela por no plegarse a la posición de sus vecinos. Las palabras de Hill fueron precisas:

Durante los dos últimos años, como comandante, he realizado giras por todas las fronteras con excepción de

Venezuela. No he visitado tampoco ese país, porque la guerra en Colombia no es solo una guerra de Colombia sino de todos sus vecinos y también una guerra para todo el mundo... A mí me parece que debe ser una pelea en la que participen todos los vecinos regionales. Espero que Venezuela se dé cuenta de ello.

Las definiciones de Hill representaron la manifestación formal del inicio de la "andinización" de la guerra, cuyo epicentro está en Colombia. Paralelamente, Hill destacó la importancia del Plan Patriota, fase superior del Plan Colombia, cuya finalidad es excluyentemente militar: "Tengo un tremendo grado de optimismo realista sobre lo que van a lograr las Fuerzas Militares y el pueblo colombiano con el Plan Patriota".

De esta manera, el Comando Sur opera abiertamente como el lado duro de la "diplomacia sutil" de Washington hacia la Revolución bolivariana. La traducción política del mensaje de la Casa Blanca es la siguiente: las relaciones bilaterales mejorarán, porque en plena crisis petrolera Venezuela ha demostrado ser un "suplidor seguro" de EEUU. Pero eso no es suficiente para el Pentágono. Hasta que Chávez no se adhiera al Plan Colombia-Patriota en su fase andina será considerado un elemento "neutral" en la denominada lucha antiterrorista, la principal prioridad de Washington, justamente cuando Bush ha advertido a los gobiernos del mundo, desde el 11-S, que en ese aspecto "están con nosotros, o están con los terroristas".

El Pentágono le está indicando a Chávez que su anunciada política de combatir a los grupos irregulares en el interior de sus fronteras no es suficiente. Y se lo está señalando en lenguaje militar.

La etapa andina del Comando Sur

James Hill, ex jefe del Comando Sur, dejó una estructura montada en América Latina de tal magnitud que la Oficina en Washington para Asuntos Latinoamericanos (WOLA, por sus siglas en inglés) sostiene en uno de sus trabajos que "el Comando Sur cumple un rol cada vez mayor y desproporcionado en las relaciones entre Estados Unidos y América Latina" ("Tendencias de los Programas Militares de EEUU para América Latina", septiembre de 2004).

WOLA señala que el Comando Sur tiene más gente trabajando sobre asuntos latinoamericanos –más de 1.500 especialistas– que los principales organismos federales civiles juntos, incluidos los departamentos de Estado, de Agricultura, de Comercio y del Tesoro, a los que hay que sumar la Secretaría de Defensa. El documento afirma que "los militares estadounidenses se están convirtiendo en los principales intérpretes de los asuntos de la región".

Más allá de la retórica democrática, que siempre negará una afirmación de esa naturaleza, la clave de la actuación del Comando Sur posiblemente se encuentre en la ampliación del concepto de lucha contra el terrorismo. Desde la colocación de bombas hasta el secuestro, pasando por el contrabando de armas, el tráfico de personas, el narcotráfico, las pandillas urbanas y el lavado de dinero, son objetivos militares del Comando Sur. Paralelamente, se desarrollan programas de becas para estudios antiterroristas, formación de cuadros militares o policiales (Plan

Soberanía Eficaz), antisecuestros, de protección de oleoductos y copamiento de espacios vacíos, que van desde La Mosquita hasta la cuenca del Amazonas.

Desde que Hill llegó al Comando Sur (2002), solamente en Colombia se crearon 13 unidades de fuerzas especiales, 5 brigadas móviles, 5 batallones de alta montaña y 41 pelotones de soldados campesinos. El Ejército colombiano ya cuenta con 188 mil efectivos, en su mayoría profesionales. Sumados los miembros de todos los componentes aspira a disponer de 400 mil uniformados en 2006.

El paso más importante en la militarización de la política estadounidense para América Latina, cuyo epicentro se encuentra en Colombia, fue el inicio del Plan Patriota. El Plan Patriota es la respuesta a las críticas que especialistas de Washington han realizado al Plan Colombia: al diversificarse el foco de atención entre narcotráfico y guerrilla ninguno de los dos blancos ha sido "tocado" eficientemente, mientras su radio de acción se ha extendido a los países vecinos.

El documento de la Fundación Seguridad y Democracia dado a conocer por *El Tiempo* de Bogotá corrobora esta afirmación, al sostener que los rebeldes "mantienen intacta su capacidad de respuesta militar y de iniciativa táctica en algunas zonas del país". (http://internacional.eluniversal.com/2004/10/25/intart25114A.shtml). El Plan Patriota, concebido para derrotar y obligar a negociar a las FARC en un lapso de tres años, busca revertir agresivamente esa situación. De acuerdo con la revista *Semana*, para que un comandante de brigada reciba una medalla de orden público tiene que mostrar 150 enemigos muertos y 500 capturados.

Hill se retiró de su cargo, pero dejó listo el inicio de la etapa del Plan Colombia-Patriota-Andino. El tiempo para que la nueva realidad se instale en la frontera venezolana dependerá de la crisis energética. Más nada.

CHÁVEZ VS. COMANDO SUR

De acuerdo con James Hill, ex jefe del Comando Sur, "Chávez es un exponente del populismo radical", nueva categoría política que, a juicio de Hill, representa la "preocupación más seria para la seguridad junto con los narcoterroristas de Colombia, las redes de extremistas islámicos y las pandillas criminales en Centroamérica". De acuerdo con Hill, Chávez "degrada" la democracia utilizando su posición para "diezmar gradualmente los derechos de los ciudadanos". "Nos mantendremos vigilantes", sentenció el militar.

Las fuertes expresiones del halcón militar fueron realizadas en su momento ante el Comité de las Fuerzas Armadas del Senado de Estados Unidos, convocado para analizar amenazas a la seguridad de América Latina. Hill ha creado, con su caracterización, un concepto que orienta hacia dónde se dirige la política de globalización militar estadounidense en el continente. De acuerdo con el general, el "populismo radical" equivale, en su potencialidad desestabilizadora, "al terrorismo islámico o a la insurgencia colombiana".

Hill recomendó al Congreso aprobar el pedido de Washington de aumentar el número de civiles y militares estadounidenses en Colombia, extender sus contratos a los grupos que desarrollan actividades militares de apoyo al Plan Colombia (privatización de la guerra) y declarar a Colombia "país clave" para Estados Unidos. La intervención de Hill fue posterior a la definición del candidato demócrata a la Casa Blanca, John Kerry, quien planteó en un comunicado que Chávez colaboraba con la insurgencia colombiana y no permitía una lucha efectiva contra el narcotráfico. En ese contexto deben leerse las declaraciones difundidas por un canal de televisión colombiano de unos supuestos guerrilleros desertores del ELN acusando a un anónimo coronel de la Guardia Nacional de entregarles armas a miembros de la guerrilla. La campaña de acción psicológica se reinicia en otro mar conceptual mucho más agresivo.

Tiempo atrás, en Washington se había conocido el documento "Andes 2020", perteneciente al influyente Consejo de Relaciones Exteriores (CFR, por sus siglas en inglés). Una de las críticas más fuertes de "Andes 2020" a la política de EEUU es que "el estrecho foco antinarcóticos explica la miopía con la que Washington aborda otras prioridades (20 mil de los 72 mil soldados capacitados para operaciones de combate están asignados a tareas antinarcóticos)". Hill encontró la fórmula teórica para enfrentar el problema Chávez: el "populismo radical", que no necesita pasar por las consideraciones burocráticas de la OEA ni conformar "el caso" necesario para declarar al Gobierno de Venezuela "propiciador" del terrorismo.

Pentágono y populismo radical

Cuando EEUU diseñó el Plan Colombia I lo hizo tomando como base dos ejes de su doctrina de seguridad nacional: a) combatir el narcotráfico; b) derrotar a la guerrilla. El plan, que arrancó en el 2000, debía ofrecer resultados definitivos en 2005.

Entre los años 2002 y 2003 la incapacidad de golpear de manera efectiva a la insurgencia condujo a la creación del Plan Patriota, exclusivamente militar. El Plan Patriota se inició con una concentración de fuerzas colombianas (17 mil efectivos) en el sur de Colombia, la región de mayor influencia de las FARC. El Plan Patriota debía complementarse con el Plan Frontera Norte de Ecuador, que operaría como muro de contención de la guerrilla. Con ese fin el gobierno de Lucio Gutiérrez trasladó a la frontera aproximadamente 10 mil soldados.

El derrocamiento de Gutiérrez y la posición del gobierno de Palacio de rechazar el Plan Colombia-Patriota colocaron al borde del fracaso la nueva estrategia del Comando Sur. La presencia de Gutiérrez en Colombia en calidad de asilado y su posterior traslado a la base de Manta, emblema del Comando Sur en Ecuador, para ser hecho prisionero por la policía es un reflejo del momento que atraviesan las relaciones entre Quito y el eje Washington-Bogotá. La detención de Gutiérrez debería operar como un detonante para la caída de Palacio.

Paralelamente Bush acordó con Uribe extender el Plan Colombia hasta 2010 (Plan Andino). Pero las condiciones regionales son otras. Chávez, Evo Morales y el movimiento indígena Pachakutik son ahora actores políticos antiestadounidenses de primer orden. Ese fenómeno político, que no puede ser calificado de guerrilla o de narcotráfico, fue bautizado por el general James Hill en el año 2004 como "populismo radical". De acuerdo con Hill, entonces jefe del Comando Sur, el "populismo radical" debía ser tratado como un "peligro" para la seguridad de EEUU.

La apreciación de Hill fue confirmada por su sucesor, Bantz Craddock. En junio de 2005, Craddock declaró que "la corrupción y el populismo radical amenazan a Latinoamérica y la influencia de Venezuela entre sus vecinos está generando una situación desestabilizadora que representa un peligro para el hemisferio" (*El Nuevo Herald*, 13-06-2005). Con esa visión el Pentágono planteó crear una Fuerza de Paz y Rescate integrada por los ejércitos de Centroamérica para enfrentar desde desastres naturales hasta conflictos (internos o externos) en países de la región, incluyendo la acción de las pandillas urbanas. Para Donald Rumsfeld, la Fuerza de Paz y Rescate "es una oportunidad para trabajar en temas como el narcotráfico y el terrorismo".

El "populismo radical" es, para el Pentágono, una nueva amenaza estratégica a la seguridad nacional de EEUU y debe ser tratada militarmente. Para el Departamento de Estado significa una simple preocupación retórica, amarrada a la evolución de la cuestión petrolera, que es de largo plazo. En la interna de la Casa Blanca el problema es radical, aunque no sea populista.

EL POLVORÍN ANDINO

Mientras el Presidente de Ecuador, Alfredo Palacio, insiste en que su país no participará en el Plan Colombia II (Andino), el ex jefe del Comando Conjunto de Ecuador, Raúl Zapater, admitió que las fuerzas ecuatorianas enfrentan a las FARC en su territorio "sin el apoyo de las tropas colombianas" (AFP, 07-11-2005).

La región andina es un polvorín que puede estallar fácilmente. A la situación de guerra interna que hay en Colombia se ha agregado el proceso revolucionario bolivariano venezolano, que a su vez ha creado una Internacional Bolivariana (Congreso Bolivariano de los Pueblos), donde participan, entre otras organizaciones, el Pachakutik ecuatoriano y el MAS boliviano. La poderosa Conaie (Confederación de Naciones Indígenas de Ecuador), cuyo brazo político es el Pachakutik, le ha advertido al presidente Palacio que si firma el TLC con Estados Unidos "debe despedirse del gobierno". Rafael Pandam, jefe de Relaciones Internacionales de la Conaie, manifestó en Cartagena (21-9-2005) que "el proyecto político de la Conaie comprende la construcción de un Estado Plurinacional sin TLC, ni Plan Colombia, ni bases militares, ni petroleras". La Conaie impulsa una Asamblea Constituyente para refundar la República, posición aceptada por Palacio y rechazada por el Congreso.

Por su parte, en Bolivia, Evo Morales promete despenalizar el cultivo de hoja de coca, convocar una Asamblea Constituyente y nacionalizar la industria de los hidrocarburos ("las trasnacionales del petróleo no pagaron impuestos, no cumplieron los contratos y por eso tendrán que dejar el país", 01-08-2005).

Chile ha reforzado su frontera con Bolivia, mientras un contingente de varios centenares de militares estadounidenses se ha instalado en Paraguay, a 250 kilómetros de Bolivia.

Paralelamente Colombia ha desplegado 15 mil de sus soldados en el sur del país (586 kilómetros de frontera con Ecuador) y presiona a Palacio para que colabore con el Plan Patriota, que busca arrinconar a las FARC.

El 15 y 16 de noviembre de 2005 medio centenar de jefes militares de los países andinos (Bolivia, Ecuador, Colombia, Venezuela y Perú), junto con el jefe del Comando Sur, Bantz Craddock, y representantes del Alto Mando de Brasil, analizaron en el Hotel Marriot, en Quito, temas relacionados con la seguridad de la región. Es decir, el Plan Andino. El Plan Andino tiene en contra a Venezuela, que sostiene una política de neutralidad frente al conflicto colombiano y rechaza, a la vez, el componente bélico del Plan Colombia (ahora Andino), a la par que denuncia la posibilidad de una invasión por parte de Estados Unidos o la "extensión" de la guerra vecina.

El presidente Chávez es líder indiscutible del Congreso Bolivariano de los Pueblos. El MAS boliviano y el Pachakutik pertenecen a la Secretaría Política del Congreso. Mientras las FARC deben estar a la expectativa de la evolución de la posición venezolana, Lucio Gutiérrez y Fujimori aguardan, encarcelados y esperanzados, su turno para respaldar sin ambigüedades a Estados Unidos.

El tablero político-militar regional es un cerco en construcción.

La señal del Pentágono

La decisión de la Cámara de Representantes de Estados Unidos de aprobar una enmienda que permite el inicio de transmisiones de radio y televisión desde ese país hacia Venezuela para "contrarrestar el antiamericanismo" del naciente canal de televisión Telesur se inscribe, técnicamente, en el concepto de guerra de Cuarta Generación. Uno de los elementos más importantes de las guerras de Cuarta Generación es la utilización de los medios de comunicación para ganar la guerra psicológica. Así lo entiende también Hugo Chávez, quien amenazó con emprender una "guerra electrónica" si Washington intenta sabotear la señal de Telesur.

La declaración de la "guerra de información" por parte de la Cámara de Representantes de Estados Unidos está emparentada con la decisión del Pentágono de formar el Comando Militar de Operaciones Especiales con el fin de instalar en América Latina equipos de contrapropaganda donde Washington considere que existan "focos de terrorismo y de desestabilización regional". La operación del Pentágono, que de acuerdo con fuentes de la Casa Blanca incluye "planes militares de contingencia para Venezuela y Bolivia" (*La Nación*, 20-06-2005), fue revelada por la revista *Time* (13-06-2005).

El grupo seleccionado para adelantar la ofensiva propagandística tiene como base principal el estado de Florida, recibe el nombre de Equipo Conjunto de Apoyo para Operaciones Psicológicas (JPSE), está integrado por 38 especialistas, posee un presupuesto de 77,5 millones de dólares para los próximos 7 años y puede acceder, si lo necesita, a partidas especiales. Su director es Jim Treadwell, quien fue jefe del 4to. Grupo de Operaciones Psicológicas en Irak. Treadwell le dijo a Time que producirán "publicidades televisivas, spots radiales, páginas de Internet y material escrito para pulir la imagen de Estados Unidos y contrarrestar información terrorista". Abu Obeid al Qurashi, uno de los principales estrategas de Bin Laden, en un escrito que ha recorrido numerosas paginas Web (11-S, guerra de Cuarta Generación), define el tema de la siguiente manera: "En este tipo de guerras las informaciones aparecidas en los medios de comunicación son un arma más poderosa que las divisiones militares".

Juan Forero, corresponsal de *The New York Times* para la región, ya advertía en el influyente medio (27-04-2005) que "conforme el presidente Hugo Chávez, de Venezuela, se dirige hacia una mayor confrontación con Washington, el gobierno del presidente Bush está sopesando un enfoque más duro". La guerra de la información entre Estados Unidos y Venezuela parece anunciar el comienzo del fin de una etapa, signada por la prioridad del negocio petrolero, y el inicio de otra, donde la voz que más se escuchará será la del Pentágono.

La margarita se deshoja en la Casa Blanca.

La Fuerza de Paz

Donald Rumsfeld, el poderoso Secretario de Defensa de Estados Unidos, eligió el *Miami Herald* para publicar un artículo a través del cual señalaba que, para la Casa Blanca, la firma del Cafta era un asunto de seguridad nacional. El subsecretario de Defensa para Asuntos Hemisféricos, Rogelio Pardo Maurer, desató los nudos. "La cuestión de la seguridad regional es un problema que debe ser abordado en colectivo"… La Fuerza de Paz (para Centroamérica y el Caribe) debe estar lista "para intervenir en conflictos nacionales o entre países", agregó el subsecretario, especialista en asuntos de contrainsurgencia y guerras de baja intensidad.

La situación en Haití, la defensa del Canal de Panamá, el auge de las pandillas en Centroamérica, la petición de Estados Unidos de que Nicaragua destruya los más de 600 misiles tierra-aire SAM-7 que le quedaron de su guerra interna y la necesidad de evitar una confrontación armada entre Nicaragua y Costa Rica fueron, entre otros, los argumentos mencionados para justificar la creación de la Fuerza de Paz. Con ese fin Rumsfeld y los ministros de Defensa de Costa Rica, Nicaragua, Guatemala, El Salvador, Honduras, Panamá y Belice se reunieron en un hotel de Key Biscaine en octubre de 2005. Para que no quedaran dudas sobre la influencia creciente del Pentágono en el dictado de políticas regionales, le correspondió a Rumsfeld hacer el anuncio (11-10-05) de la ayuda estadounidense a Guatemala tras el desastre ocasionado por las inundaciones y deslaves que provocaron numerosas víctimas en ese país.

La Fuerza de Paz responde al concepto de ejército multinacional que viene propiciando el Pentágono para enfrentar las tres amenazas que el Comando Sur considera vitales para Estados Unidos: a) guerrilla; b) narcotráfico; c) "populismos emergentes". La cuestión es que el planteamiento de la creación de la Fuerza de Paz (ejército multinacional) coincide con el lanzamiento del Plan Colombia II (Plan Andino), que debe arrancar en enero de 2006. Rumsfeld ha recordado que "la cooperación en materia de seguridad y pacificación es una oportunidad para trabajar en temas como la lucha contra el narcotráfico y el terrorismo" (*El*

Nuevo Herald, 12-10-05). Ya Honduras ha solicitado participar en el Plan Andino. El Salvador, por su parte, envió 487 efectivos de tropas especiales a Irak. En las filas del ejército estadounidense hay 2 mil 255 inmigrantes centroamericanos.

Mientras el Pentágono comienza a actualizar sus estrategias militares (ejército multinacional-teoría del cerco), Lucio Gutiérrez, el derrocado ex presidente de Ecuador, antes de entregarse en la base de Manta (Comando Sur) a la policía de Palacio, presentó un libro (*El golpe: los rostros de la conspiración*) donde reafirma su apoyo al Plan Colombia II (Andino). El juego político-diplomático-petrolero pasará a un segundo plano en un plazo no lejano. Comienza el tiempo político-militar.

CHÁVEZ O EL PENTÁGONO

La IV Cumbre de las Américas y la paralela III Cumbre de los Pueblos realizadas en Mar del Plata tuvieron un logro fundamental, luego de varios años de confusión ideológica sobre la naturaleza y el alcance del proceso revolucionario encabezado por Hugo Chávez y Fidel Castro. Esa conquista fue la de la verdad política.

La IV Cumbre de las Américas mostró una Casa Blanca acompañada por 28 de 34 gobiernos del Hemisferio en su intención de incluir el ALCA como punto principal de la agenda continental, realidad que significa un dramático giro geopolítico de 180 grados ocurrido a partir de la ultima reunión de la OEA, cuando Estados Unidos quedó aislado en su propuesta de establecer grupos de monitoreo de las democracias representativas ("diplomacia preventiva").

La urgente reacción de los grandes triunfadores de la pasada cita de la OEA –Brasil y Venezuela–, que consistió en enarbolar la cláusula del consenso para negarse a firmar el proyecto de declaración que revivía el ALCA y así obligar a que se presentara un documento sin definiciones precisas, demuestra que, luego de una sucesión de derrotas, Washington se anota su primera victoria (Pentágono-teoría del cerco) frente a la estrategia de bloqueo bidireccional (regionalista –Mercosur– y revolucionaria –Chávez–) para la cual no había tenido respuestas efectivas.

Por otra parte, Hugo Chávez, haciendo valer su doble condición de jefe de Estado y de líder revolucionario, también logró sus objetivos. Por un lado, con su participación estelar en la III Cumbre de los Pueblos (versión ampliada del Congreso Bolivariano de los Pueblos) legitimó su liderazgo en la izquierda continental. Además, Chávez demostró que, mientras él se encuentre presente en el marco de la legalidad interamericana y esta se maneje por la norma del "consenso", el juego político-institucional hemisférico estará trancado.

La circunstancia de que en el evento central de la III Cumbre de los Pueblos ("no sabía que existía", dijo un abrumado Lula) el eje Chávez-Castro haya reafirmado su liderazgo sobre la crecida izquierda latinoamericana (Maradona presentó en su programa televisivo *La Noche del 10* una entrevista de 5 horas con Fidel Castro, y Chávez comenzó su discurso transmitiendo el saludo solidario del jefe de la Revolución cubana) no deja lugar a dudas de que el Congreso Bolivariano de los Pueblos ha cobrado fuerza de movilización internacional y se confronta con Washington en todas sus estrategias hemisféricas (ALCA, Plan Colombia II-Andino, Plan Puebla-Panamá, bloqueo a Cuba, guerra de Cuarta Generación). Ese enfrentamiento se realiza utilizando un movimiento pendular que va desde la participación en los procesos electorales para tomar el gobierno de las democracias representativas con el fin de desarrollar movimientos revolucionarios (Venezuela, Bolivia), hasta ejerciendo la presión de calle necesaria para gobernar, en la práctica, sin el poder formal (Ecuador, Nicaragua).

La polarización final está definida, así le cueste aceptarlo a los burócratas del Departamento de Estado o a los políticos petroleros: o Chávez, o el Pentágono (capitalismo o socialismo, simplifica Chávez). La papa caliente quedó en la mano de los entrampados presidentes agrupados en el Mercosur.

Por ahora

La "ofensiva total" revolucionaria anunciada por Hugo Chávez sigue su curso, con el viento a favor del aumento de los precios petroleros. La vanguardia del ataque se encuentra en el terreno internacional. Demostrada la eficacia de la diplomacia petrolera, que derrotó en la OEA el intento de implantar la "diplomacia preventiva" o "democracia preventiva" del Departamento de Estado, Chávez ha salido al mundo a negociar, para Venezuela, un espacio cada vez más importante en el mundo multipolar.

El arma energética sigue siendo la más efectiva en el esquema de guerra asimétrica contra el imperio. Después del fracaso del movimiento Estados Unidos-Arabia Saudita para presionar el alza de la producción en la OPEP (subida inmediata de precios del petróleo), Chávez sabe que es cada vez más difícil el compromiso de aquellas naciones dependientes del petróleo con las políticas estadounidenses. Por eso aprovecha para consolidar sus posiciones antiestadounidenses en el marco global.

La estrategia de Chávez opera en forma de pinzas. Por un lado utiliza el poder institucional para afianzar las posiciones revolucionarias (legitimación internacional de la democracia participativa frente a la democracia representativa, presión para fortalecer su propio lobby petrolero, firmas de nuevos convenios estratégicos con aquellas potencias emergentes o, simplemente, adversas a Estados Unidos –China, Rusia, Irán–, desarrollo de los proyectos de integración con intención revolucionaria –Petrosur, Telesur, etc.–, afianzamiento del eje revolucionario con Cuba). Por otro lado, Chávez aprueba la actividad incesante del Congreso Bolivariano de los Pueblos (Pachakutik, en Ecuador; Frente Sandinista, en Nicaragua; MAS, en Bolivia), mientras la agitación crece en Argentina (Piqueteros) y Brasil (Movimiento sin Tierra). La mayor dificultad de Chávez, paradójicamente, se encuentra en su endeble estructura de gobierno, sobre la cual el mismo jefe del Estado lanzara acusaciones graves (corrupción, ineptitud, burocratismo).

Estados Unidos ha extraviado la brújula para enfrentar la "amenaza emergente" que representa Chávez, tal como alguna vez la definiera el retirado general James Hill, anterior jefe del Comando Sur. Atrapado en el dilema petrolero, el Gobierno corporativo de Bush ha fallado en todos sus intentos de sostener su hegemonía en el subcontinente. No ha logrado hacer arrancar el ALCA (programado para enero de 2005). No ha derrotado ni a la guerrilla colombiana ni al narcotráfico. No pudo sostener el bloqueo a Cuba, cada vez más a sus anchas en la relación de integración estructural revolucionaria con Venezuela y Bolivia. Además, ha perdido el control institucional de la OEA.

Por esa acumulación de razones, a menos que se acepte que Estados Unidos ha comenzado su eclipse como primera potencia mundial, cabe esperar el rápido rediseño de políticas de Washington para América Latina y el Caribe. De ocurrir esa situación, es posible que tenga voz y mando el Pentágono, más allá de las presiones del embriagado lobby petrolero, tan eficiente en la Casa Blanca y en el Congreso.

La tesis del cerco

Chávez y el cerco del Pentágono

El 24 de marzo de 2004 el general James Hill, para la fecha jefe del Comando Sur, presentó un informe ante el Comité de las Fuerzas Armadas de la Cámara de Representantes de Estados Unidos que es fundamental para comprender la visión del Pentágono frente al proceso revolucionario venezolano. En ese informe Hill propuso incorporar a las amenazas tradicionales de seguridad manejadas por Estados Unidos para América Latina (narcotráfico y terrorismo) el concepto de "populismo radical", definido como una "amenaza emergente que socava el proceso democrático al reducir, en lugar de aumentar, los derechos individuales".

La propuesta de Hill sobre el "populismo radical" planteaba la necesidad de ideologizar la política hemisférica estadounidense, especialmente frente a Chávez, ya en abierto accionar conjunto con Fidel Castro y desarrollando una agresiva geopolítica energética (Petroamérica, búsqueda de aliados estratégicos para romper la interdependencia petrolera con Estados Unidos) y revolucionaria continental. La posición de Hill chocaba con los lineamientos del Departamento de Estado que privilegiaban el negocio petrolero inmediato sobre lo político-ideológico-militar, entendido como confrontación entre las democracias representativas y los "populismos radicales".

La propuesta de Hill fue colocada en el congelador de las decisiones estratégicas. Las trasnacionales petroleras de base estadounidense disfrutaban de una nueva "edad de oro" (negro) en Venezuela y sus cabilderos paseaban a placer por las salas de reuniones del Congreso y de la Casa Blanca. La crisis energética mundial fortalecía su posición, resumida en una conclusión: "Chávez nos da las concesiones y además garantiza la gobernabilidad necesaria para que el suministro petrolero no se interrumpa".

Un gobierno de extrema sensibilidad petrolera empresarial como el que representa la Casa Blanca optó por manejarse con las tesis de seguridad energética de las trasnacionales petroleras antes que aceptar el enfoque político-ideológico-militar del Pentágono.

La tesis del cerco

Un año después de la presentación del informe de Hill al Congreso se produjeron unas explosivas declaraciones al *Financial Times* de Rogelio Pardo Maurer, subsecretario de Defensa para el Hemisferio Occidental. En la entrevista, titulada "Bush pretende contener a Chávez", Pardo señalaba que "Chávez es un problema (para Estados Unidos) porque claramente está usando su influencia y recursos petroleros con el fin de introducir su conflictivo estilo de política en otros países".

La caracterización sobre el uso del petróleo descartaba, en la interpretación de Pardo Maurer, darle prioridad al abastecimiento estadounidense (Departamento de Estado-trasnacionales petroleras) para colocar la mira militar sobre el uso de los recursos obtenidos por su venta con el fin de influir políticamente sobre otras naciones de la región. "Está escogiendo los países con la trama social más débil. En algunos casos es una subversión declarada", añadió Pardo. Dijo también que Estados Unidos había perdido la paciencia. "Llegamos al final del camino con el enfoque actual", afirmó, a la par que anunció que comenzaba una estrategia para "cercar" a Chávez.

Hacia el mes de julio de 2005, Tom Barry, director político del Internacional Relations Center (IRC), publicó un trabajo que tradujo la agencia de noticias IPS, cuyo título fue "Nuevas Prioridades para el Comando Sur". Allí Barry sostenía que el Comando Sur, bajo la jefatura de Bantz Craddock, había elaborado nuevos documentos de estrategia para la región. En esos documentos se establecían como prioridades: a) garantizar el libre flujo de suministro regional de energía a los mercados internacionales "sin que sea objetivo de agresión"; b) asegurar que los países ejerzan su soberanía sobre su territorio, ayudando a las naciones andinas en su esfuerzo por dominar "espacios no gobernados" y a todos los países de la región para impedir el "efecto derrame" de sus vecinos inestables; c) buscar que los aliados regionales tengan capacidad y voluntad para participar en "operaciones combinadas" como "acciones antiterroristas" y "operaciones de paz"; d) impedir "que los Estados renegados apoyen organizaciones terroristas"; e) "fortalecer y mantener gobiernos estables y democráticamente electos" en toda el área de acción del Comando Sur. Otros dos objetivos, de acuerdo al papel de trabajo, permanecían clasificados. El escrito de Barry sobre las nuevas estrategias del Comando Sur nunca fue desmentido.

El 11 de octubre de 2005 Donald Rumsfeld anunció que el Pentágono estaba impulsando la creación de una Fuerza de Paz en Centroamérica para atender problemas como el de las pandillas urbanas, garantizar la paz en Nicaragua y evitar conflictos armados regionales. Pero también agregó que esta organización podía colaborar en la lucha contra la guerrilla y el narcotráfico, planteando la incorporación de la futura fuerza al Plan Colombia.

Mientras Rumsfeld advertía que los 100 mil fusiles Kalashnikov adquiridos por Venezuela a Rusia podían llegar a manos de grupos insurgentes del continente, la revista estadounidense *Time* y el diario *La Nación*, de Argentina, informaban que el Pentágono había decidido instalar una Unidad de Operaciones Psicológicas (JPSE, por sus siglas en inglés) en el Comando de Operaciones Especiales de Estados Unidos, con el objetivo de comenzar a actuar en América Latina y el Caribe en misiones de propaganda.

El 4 de octubre de 2005, William M. Arkin, analista militar del *Washington Post*, dio a conocer documentos del Pentágono ("Análisis Cuadrienal de Defensa de 2005") que incluían a Venezuela en una lista de países que representaban una "amenaza potencial militar" a los Estados Unidos. En la lista aparecían también China, Siria, Corea del Norte e Irán. Ya *La Nación* (20-06-05) había adelantado que el Pentágono tenía "planes militares de contingencia para Venezuela y Bolivia".

EL CERCO CONTINENTAL

La demostración de que la línea del cerco se había impuesto en la Casa Blanca se apreció con claridad en la IV Cumbre de Las Américas. Ahí Estados Unidos logró que 28 de 34 gobiernos respaldaran su tesis de volver a la discusión sobre el ALCA, que a juicio de Hugo Chávez estaba ya "enterrado" porque el ALCA debía haber sido bautizado en enero de 2005.

El Mercosur (Brasil, Argentina, Uruguay, Paraguay), con la adhesión de Venezuela, logró frenar la discusión sobre el ALCA, empujada por la mayoría de los asistentes a la IV Cumbre, invocando la cláusula del consenso que rige las reuniones de los jefes de Estado y que obliga a que todos los miembros de la Cumbre den su acuerdo para que se cumpla una resolución. Más allá de la frágil tregua que dejó la IV Cumbre, quedó claro que el cerco ideado por el Pentágono como política contra Venezuela y los "populismos radicales" había llegado a la esfera político-económica.

La reunión posterior entre Lula y Bush, en la cual Lula aclaró que el "aliado estratégico" de Brasil era Estados Unidos, y que la aspiración de su Cancillería era llegar a un acuerdo razonable sobre los subsidios agrícolas con Washington, posición acorde con la que sostienen los otros miembros del Mercosur, deja a Chávez, aunque se incorpore Venezuela al Mercosur, prácticamente solitario entre los jefes de Estado del continente en su actitud revolucionaria y con su propuesta del ALBA (Alternativa Bolivariana para las Américas), respaldada por Castro y Morales.

Chávez expuso su fuerza real en la paralela III Cumbre de los Pueblos. El próximo episodio enfrentará al Pentágono (Plan Colombia-Andino) con el Congreso Bolivariano de los Pueblos. Colombia y Venezuela tienen procesos revolucionarios en marcha, aunque posean distintas características. Bolivia, Ecuador y Nicaragua esperan su turno.

LA HORA DEL CERCO

Otto Reich habló largamente con Roberto Giusti (*El Universal*, 10-07-05). En la conversación señaló varios puntos fundamentales para entender la política del gobierno de Bush II hacia Venezuela. Reich, ex subsecretario de Estado para el Hemisferio Occidental y ex embajador de Estados Unidos en Venezuela, es considerado uno de los políticos cubanos anticastristas con mayor acceso a las discusiones que se desarrollan sobre el subcontinente en la Casa Blanca.

Reich aseguró que: a) Estados Unidos no tiene la más mínima intención de invadir Venezuela; b) que (sobre las compras de armas) "no hace falta mucha imaginación para pensar que posiblemente las use primero contra sus vecinos"; c) que Chávez apoya movimientos indígenas de la región, solamente que "ahora sus tácticas son más sofisticadas y están dirigidas por la máxima autoridad en términos de subversión en el Hemisferio, es decir, Fidel Castro"; d) que Venezuela es una "sucursal" de Cuba; e) que el referéndum de agosto de 2004 "fue un fraude que tenía meses montándose" (deslegitimación *a posteriori*); f) que "no hay nada que pueda pasar en Venezuela que no traiga consigo una reacción por parte de la comunidad internacional, comenzando por la OEA".

Reich, simplemente, ratificó la teoría del cerco, propuesta por el Departamento de Estado por la vía político-diplomática y por el Comando Sur por el camino político-militar (ejército regional andino) como la actual táctica de Washington contra la revolución encabezada por Chávez. Descartada por ahora la intervención directa adquiere primacía la palabra "vecino". Al mencionar la incomodidad de los "vecinos" con Chávez, Reich fue enfático:

En los primeros años del gobierno de Chávez los presidentes de Colombia, Bolivia y Ecuador dijeron que habían detectado esfuerzos por parte de venezolanos, miembros de su gobierno, apoyando movimientos radicales indígenas. Y cuando digo indígenas no me refiero a grupos étnicos, sino a elementos subversivos.

Por su parte, Donald Rumsfeld, el frontal secretario de Defensa, publicó un artículo en el *Miami Herald* (08-07-2005) señalando a Cuba y Venezuela ("que no son amigas de Estados Unidos") de "promover el radicalismo y tratar de subvertir los gobiernos democráticos de la región". Rumsfeld acusó a Venezuela de "cabildear activamente a los legisladores de Centroamérica para que voten contra el Cafta" (tratado comercial entre esos países y Estados Unidos), afirmando que ese es un asunto "que compete a la seguridad nacional" de Estados Unidos. Rumsfeld remató la amenaza con un "que no quepa duda". Por primera vez aparece mencionado oficialmente por un alto funcionario del gobierno de Bush el concepto de seguridad nacional en directa relación con Venezuela. Para Estados Unidos, luego del 11-S, su seguridad nacional debe entenderse en términos trasnacionales.

Chávez, en su turno (09-07-2005), advirtió que "cualquier agresión imperialista contra uno de nosotros (Venezuela-Cuba) será al mismo tiempo contra los dos. Las revoluciones cubana y venezolana ya son una sola". En términos parecidos se había definido Fidel Castro semanas atrás.

Comenzó la hora del cerco. En su recorrido, la aguja del reloj de Washington irá tocando, minuto a minuto, a cada "vecino" de Venezuela.

La conferencia asimétrica

Se realizó en Quito la V Conferencia de Seguridad Andina, con la presencia de los jefes militares de Colombia, Ecuador, Perú y Bolivia, junto al jefe de Inteligencia Estratégica de Brasil, general Clobis Bandeira, y los generales Bantz Craddock y Mark Stearns, jefe y director de Estrategias y Planificación del Comando Sur, respectivamente. Venezuela no asistió. Según la representación diplomática estadounidense, los objetivos del encuentro fueron "fomentar las relaciones personales entre los jefes de Defensa, impulsar un diálogo abierto frente a los retos que se enfrentan en la región y mejorar la cooperación entre los países que estarán presentes". El Comando Sur buscó, en la V Conferencia, enfrentar las múltiples situaciones conflictivas que existen en la región trazando una línea directa con sus mandos militares, para así dar inicio formalmente al Plan Patriota-Andino (2006-2010).

El gobierno de Palacio se queja de la llamada "persecución en caliente" que ha comenzado a realizar el Ejército colombiano en la frontera norte de Ecuador (Plan Patriota-Operación Galeras), en el contexto de la guerra con la insurgencia colombiana. Por otra parte, Chile tiene una controversia con Perú por una nueva delimitación marítima peruana que el país austral considera una violación a su soberanía territorial. Ecuador sigue con atención esa discusión. Ecuador y Perú han tenido hace pocos años guerras fronterizas. Además, las Fuerzas Armadas de Perú y Ecuador tienen los ojos puestos en el destino de Fujimori y Gutiérrez, ambos presos pero anunciando que volverán al poder.

También debe decidirse el Tratado de Libre Comercio entre EEUU y Ecuador. Si el acuerdo se consuma, la Confederación de Nacionalidades Indígenas de Ecuador (Conaie) calificará a

Palacio de traidor a la patria y comenzará movilizaciones para exigir su renuncia. La Conaie se opone igualmente al Plan Colombia, exige la retirada de tropas estadounidenses de la base de Manta y plantea la expulsión de las petroleras transnacionales de la región amazónica.

En Colombia la movilización indígena se ha dirigido hacia la toma de haciendas en el sur occidente del país. En Bolivia Evo Morales y Felipe Quispe han anunciado acciones radicales. Esas medidas van desde impulsar un programa nacionalista que pasa por "refundar" la República (Morales), hasta "reconstituir" la nación indígena del Qullasuyo que incluso borraría el nombre de Bolivia (Quispe).

Pero el gran problema del Comando Sur es Venezuela. Mientras el Plan Andino pasa por el combate conjunto de varios ejércitos de la región contra el narcotráfico y la guerrilla, el gobierno de Hugo Chávez ha proclamado su neutralidad frente al escenario de guerra colombiano y defiende su soberanía para ejecutar acciones antidrogas.

Por otra parte, la hipótesis bélica principal de la FAN venezolana es la de una guerra asimétrica frente a una posible invasión estadounidense o contra una extensión regional del Plan Colombia (Plan Patriota-Andino) que afecte a la Revolución bolivariana. A su vez, el Comando Sur considera el "populismo radical" de Chávez como una "amenaza emergente" regional.

Soberanía cooperativa

La V Conferencia de Seguridad Andina logró establecer un programa mínimo para operar de manera conjunta en el área andina. Craddock resumió lo convenido por los jefes militares bajo el concepto de "soberanía cooperativa". Esta reconoce que las amenazas a la seguridad de la región "son dinámicas y trascienden todas las fronteras", por lo cual deben "mejorarse los procesos y sistemas de enfoques multinacionales", respetando al mismo tiempo "la soberanía y las normas constitucionales de cada nación".

De acuerdo con Craddock, la "soberanía cooperativa" plantea "cerrar las grietas que explotan los elementos criminales y terroristas", porque "los problemas cruzan fronteras y migran hacia el camino de menor resistencia". Craddock señaló: "Si el vecindario global es seguro, entonces estaré también seguro". El jefe del Comando Sur remarcó que el objetivo de Washington es garantizar la "seguridad avanzada" de EEUU. La advertencia es clara: el Pentágono respetará las soberanías nacionales siempre y cuando estime que la "seguridad avanzada" (preventiva) de EEUU sea respetada. La longitud del trecho que existe entre la "seguridad avanzada" y la "guerra preventiva", en este caso andina, la decidirá Washington.

El Comando Sur dio un paso importante para cumplir con la intención final de Donald Rumsfeld de conformar un ejército multinacional para enfrentar amenazas regionales tradicionales y emergentes. Todavía no ha logrado el consenso para instalar formalmente el ejército multinacional andino con el apoyo de Brasil, pero consiguió el objetivo, con la anuencia de Brasil, de que los jefes de comandos conjuntos respondan a "un solo concepto integral, plural y multidimensional de seguridad nacional y regional".

En cuanto a la función específica del Comando Sur, Craddock dijo, en su discurso de clausura de la V Conferencia, que el reto estadounidense es sostener o incrementar "niveles de apoyo" a la región andina "como un todo", nacionalizando al mismo tiempo programas de respaldo a Colombia (Plan Colombia II, ahora Plan Andino). Mientras se efectuaba la reunión militar, miles de indígenas de la Conaie manifestaban por las calles de Quito bajo tres consignas: a) no a la firma del TLC con Estados Unidos; b) expulsión de la trasnacional OXY; c) rechazo al Plan Colombia. La Conaie pertenece al Congreso Bolivariano de los Pueblos, cuyo líder máximo es Chávez. La acción de la Conaie no fue una cumbre paralela. Fue una movilización paralela a la cumbre militar. Por ahí van las cosas.

Cuba, Venezuela, China

Entre el 9 y el 11 de marzo de 2005 se realizó en Florida, Estados Unidos, un seminario denominado "Oportunidades Estratégicas: Trazando Nuevos Enfoques para los Retos a la Defensa y Seguridad en el Hemisferio Occidental". De acuerdo a uno de los participantes en el evento (Julio Yao: "El Comando Sur y China Popular"), el general Bantz Craddock, jefe del Comando Sur, expresó allí que "se están produciendo contactos crecientes entre militares chinos y latinoamericanos (…). Estos últimos se entrenan y familiarizan en China". Días después, el 15 de marzo, en una interpelación ante el Senado de Estados Unidos, Craddock llamó la atención sobre la creciente presencia de la República Popular China en América Latina: "Es una dinámica que se está desarrollando y que no puede ser ignorada". En el año 2004 se efectuaron 20 misiones militares chinas a Latinoamérica y 9 en sentido inverso.

Fidel Castro, en un discurso frente a 1400 economistas de 42 países que asistieron a un encuentro antiglobalización realizado en La Habana en febrero de 2005, afirmó que "el Estado (cubano) renace de nuevo como Ave Fénix" gracias a las relaciones de Cuba con China y Venezuela. "Ha surgido un motor nuevo que se llama China y una revolución bolivariana", celebró Castro. Cuba duplicará la producción de níquel y cobalto en los venideros 4 años debido a la inversión china. La empresa estatal china Minmetals S.A. firmó un acuerdo con el gobierno de Cuba para invertir 500 millones de dólares en la industria del níquel. China importa de Cuba azúcar crudo y medicinas. Pero los convenios bilaterales abarcan múltiples áreas (economía, turismo, ciencia y tecnología, deportes).

La relación de China con Venezuela se consolidó con la visita de Hugo Chávez a Pekín en las navidades de 2004. En esa oportunidad se firmó un paquete de 8 acuerdos de cooperación e inversión energética. Minas, ferrocarriles, maquinaria agrícola, agricultura y telecomunicaciones forman parte de la integración económica. El vínculo militar se había oficializado previamente durante la visita de una delegación militar china a Caracas encabezada por el general Fu Quanyou, jefe del Estado Mayor del Ejército Popular de Liberación de China.

Pero lo más impactante en la pujante relación es la oferta realizada por Chávez al presidente Hu Jintao para que China explote 15 pozos "maduros", cuya producción total se estima en mil millones de barriles. Los problemas mayores que existen entre intención y realidad son el transporte y el procesamiento por parte de China del crudo extrapesado venezolano.

El senador republicano Norm Coleman afirmó que "está preocupado por la decisión de China de firmar acuerdos con Venezuela". Coleman recordó "la periódica amenaza del Presidente Hugo Chávez de cortar los suministros de petróleo a Estados Unidos". China se convirtió en 2003 en el segundo mayor consumidor de crudo del mundo y necesita incrementar sus importaciones petroleras para continuar con su ritmo de crecimiento (9% del PIB en 2004) y poder desplazar a mediano plazo a Estados Unidos como primera potencia económica mundial.

El "eje" de los dolores de cabeza del Pentágono no es solamente revolucionario (Cuba y Venezuela). Es multipolar y petrolero, con China incluida.

"Kirschnerismo" chavista

La decisión de Néstor Kirchner de nombrar a la abogada Nilda Garré como titular del vital Ministerio de Defensa argentino demuestra que ha comenzado un proceso de mayor radicalización en el Gobierno sureño. Más allá de su prolongada carrera política, que la llevó a ser, cuando apenas tenía 27 años, diputada nacional por la Tendencia, agrupación vinculada con los Montoneros, en 1973 (gobierno de Cámpora), gestión que repitió en el período 1995-1999, para ser reelecta en el año 2000, la vida de Nilda Garré es parte inseparable de la historia argentina contemporánea.

Dos hechos marcaron el arranque de su trayectoria política. Primero, haber estado casada con Juan Manuel Abal Medina, acusado por los militares que desarrollaron la guerra sucia en los 70 y 80 de haber sido uno de los contactos de los Montoneros, circunstancia que llevó al matrimonio al exilio, en México, cuando el golpe de Videla. En realidad, su hermano Fernando Abal Medina fue fundador de la guerrilla peronista y participó en el secuestro y ejecución del general Pedro Eugenio Aramburu.

Además, Nilda Garré fue una de las acompañantes de Juan Domingo Perón en el vuelo *charter* que sacó al veterano caudillo de su exilio en España para que más tarde retomara el poder. En 1983 volvió a militar en el Partido Justicialista. Disgustada con el gobierno de Menem, se separó del peronismo y se unió al centroizquierdista Frepaso –1994–, que realizó una alianza con los radicales de De la Rúa. Llegó a ser secretaria de Asuntos Políticos del Ministerio del Interior.

Garré siempre fue una activista de los grupos de DDHH. Tuvo una actuación relevante en la investigación del caso AMIA, una sede de la comunidad judía donde fueron asesinados en un atentado, el 18 de julio de 1994, casi un centenar de personas. Garré, que dirigió la Unidad Antiterrorista del Gobierno argentino entre los años 2000 y 2001, señaló a la llamada "conexión iraní" de tener responsabilidad en el acto terrorista.

La designación de Garré, por otra parte, debe ser motivo de preocupación para Washington. En su carácter de embajadora de Argentina en Venezuela, Garré calificó como "desproporcionada" la opinión del subsecretario de Estado, Thomas Shannon, quien había afirmado que, con Chávez, la democracia venezolana "estaba en peligro". "Es un gobierno elegido y ratificado en elecciones por el pueblo venezolano", sentenció. Su defensa de Chávez la llevó a opinar durante el enfrentamiento entre el mandatario venezolano y el presidente mexicano Vicente Fox. Garré expresó que Fox se había dirigido a los participantes en la Cumbre de Las Américas "de manera soberbia, para apoyar la propuesta del ALCA".

Cuando Garré formó parte de la Comisión de Defensa del Congreso, presentó un proyecto de declaración para alertar sobre posibles amenazas militares de EEUU en la Triple Frontera. También propuso que se pronunciara contra las torturas de tropas estadounidenses a prisioneros iraquíes. Garré ha cuestionado la política militar de Donald Rumsfeld, posición que anuncia tiempos borrascosos entre el Pentágono, que tenía excelentes relaciones con el ministro de Defensa saliente, José Pampurro, y el Edificio Libertador que ocupa la fogosa militante peronista.

La designación de Nilda Garré en el Ministerio de Defensa argentino demuestra que el eje Chávez-Kirchner avanza hacia una nueva etapa, donde el tema militar comenzará a ser noticia.

La bomba iraní

El pronunciamiento de Mahmoud Ahmadinejad, actual mandatario iraní, llamando a "borrar del mapa" a Israel ha colocado en una difícil encrucijada a los gobiernos aliados y socios del país persa, además de generar una fuerte conmoción en el corazón del poder de los ayatolas.

Miles de iraníes desfilaron en Teherán coreando consignas de "Muerte a Israel" durante el denominado "Día de Qods" (Día de Jerusalén) decretado por Jomeini, en demostración de que la de Ahmadinejad no es una voz solitaria.

El hecho de que centenares de "Voluntarios para el Martirio" exhibieran cinturones con dinamita atados a sus caderas, mientras quemaban banderas israelíes, estadounidenses e inglesas, y el aviso a la ONU de que "la mejor solución al tema palestino consiste en la vuelta de los palestinos a sus tierras y en la celebración de elecciones libres para la autodeterminación", tal como rezaba el documento leído en el transcurso de la marcha, indica que, al *impasse* nuclear entre el Organismo Internacional de la Energía Atómica (OIEA-ONU) e Irán ahora se suma, de manera abierta, el drama israelí-palestino.

Pero al mezclarse el conflicto político-religioso por Jerusalén con el nuclear (exigencia de la OIEA-ONU de que Irán no desarrolle su programa de enriquecimiento de uranio), hace del caso persa una bomba política de potencialidad atómica, en un difícil juego donde Venezuela ha manifestado su apoyo a Irán en la discusión nuclear y a los palestinos en el reclamo por la creación de un Estado autónomo.

Cuando el diario *El Clarín* de Buenos Aires divulgó que Venezuela estaba interesada en adquirir un reactor nuclear argentino, Chávez sostuvo ante la BBC que Venezuela estudiaba el desarrollo de tecnología nuclear para generación eléctrica y usos médicos con tecnología de Argentina, Brasil e Irán. Inmediatamente Estados Unidos pidió que cualquier operación se realizara "respetando las obligaciones y salvaguardas del Tratado de No Proliferación Nuclear". Argentina aclaró que se respetarían las normas establecidas. En términos parecidos se expresó Brasil. Por fin, el ministro de Energía y Minas, Rafael Ramírez, desmintió la información.

La relación entre Irán y Venezuela ha sido definida como estratégica. Petróleo, gas, petroquímica, construcción, pesca, agricultura, salud, fábricas de tractores y de cemento, transporte marítimo, fondos comunes de financiamiento figuran entre los convenios firmados entre ambos países. Irán es el segundo productor mundial de crudo. Venezuela es el cuarto proveedor energético de Estados Unidos y el país con mayor cantidad de reservas petroleras del mundo.

Ceresole era un hombre de la inteligencia de Irán (Vevek), además de haber trabajado con las inteligencias militares de Argentina, Rusia y Perú. Pero, de acuerdo con una fuente muy próxima al desaparecido sociólogo argentino, "aunque tenía buena relación con Chávez, al subir (Chávez) pretendió llevarlo (Ceresole) a una línea dura anti-Israel. Debieron echarlo porque era insostenible" (http://el.f532.mail.yahoo.com/ym/ ShowLetter@MsdId04464_20 266805__171538_1568_2). Sobre el tema de Israel, el vicepresidente José Vicente Rangel se alejó de la posición de Ahmadinejad. De todas maneras, la última palabra no se ha pronunciado. Es un juego de bombas mayores.

El Tercer Orden

Estados Unidos ha tratado de imponer un Nuevo Orden Global (NOG). El NOG debe ser unipolar. Su objetivo es reemplazar el viejo orden de la Guerra Fría. Por eso Donald Rumsfeld, actual secretario de Defensa de Estados Unidos, al comenzar la guerra de Irak, inicio de la ocupación de Medio Oriente, calificó a los aliados europeos en la aventura bélica de "Nueva Europa". Es decir, miembros natos del NOG. Aquellos países que se negaron a participar en la invasión fueron definidos como pertenecientes a la "Vieja Europa".

Frente al Nuevo Orden Global (NOG) surgió la propuesta del Nuevo Orden Multipolar (NOM). El NOM tuvo como vehemente promotor a Hugo Chávez, presidente de una nación petrolera que reunía varias características subestimadas por Washington: a) hacía las veces de punto de contacto entre los llamados países-OPEP y el continente americano; b) a partir del gobierno de Chávez, Venezuela se transformó en el vocero americano de los países OPEP antiestadounidenses; c) desde el anuncio de la prolongación de la Revolución bolivariana ("segunda emancipación") Chávez comenzó a desarrollar acciones que mezclaban la acción mundial multipolar con la organización de la independencia continental; d) para estimular la conformación del mundo multipolar y convertir a Venezuela en uno de sus polos de poder, adelantó relaciones definidas como estratégicas con potencias emergentes (China, Rusia, Irán, Brasil), concretando acuerdos energéticos, de logística bélica y transferencia tecnológica, entre otros; e) conformó un eje de poder con Cuba, definido como "fusión" de proyectos revolucionarios; e) fortaleció, a través del Congreso Bolivariano de los Pueblos, la izquierda continental, desde Canadá hasta Argentina, con énfasis en los movimientos y partidos más fuertes política y socialmente (Nicaragua, El Salvador, Brasil, Argentina, Bolivia, Ecuador); f) para afianzar su influencia en América Latina y el Caribe utilizó una diplomática petrolera agresiva (Petroamérica).

La última y más riesgosa jugada ha sido la profundización de nexos con la República Islámica de Irán. La relación entre Irán y Venezuela en la era Chávez produjo acuerdos en el área energética, de la construcción, pesca, agricultura, salud, fábricas de tractores y de cemento, trasporte marítimo y fondos comunes de financiamiento. La posibilidad de que Irán "triangule" petróleo venezolano en Asia ha sido analizada por ambos gobiernos. Pero la cuestión central es la nuclear. Irán está en el ojo de la tormenta por dos razones: a) por la negativa del OIEA (Organismo Internacional de la Energía Atómica) a que Irán procese uranio; b) por el llamado de su Presidente, Mahmoud Ahmadinejad, shiíta radical, a "borrar del mapa a Israel", pronunciamiento condenado por la ONU. Mientras Jatami se adhería a la propuesta multipolar, Ahmadinejad se inclina, en la práctica, por un Tercer Orden próximo a las posiciones integristas.

La reacción de Venezuela es respaldar, en solitario, la posición nuclear iraní, mientras ha guardado oficialmente silencio sobre la propuesta bélica de Ahmadinejad. A medio camino entre la multipolaridad y el Tercer Orden, Chávez coloca a Venezuela en el mapa de Medio Oriente.

Del 4-D al 2006

Lecciones del 4-D

El proceso de votaciones para elegir la nueva Asamblea Nacional se convirtió, de acuerdo con la abstención dada a conocer por el CNE, en un laboratorio político donde la docencia la ha ejercido la mayoría nacional y los factores del Gobierno y de la oposición tienen, a partir del 4-D de 2005, un prolongado examen final.

El anunciado 75% de ausencia de votantes indica que la abstención no fue únicamente de seguidores de la oposición, sino que, además, una gruesa suma de militantes y simpatizantes del chavismo decidió no asistir a votar. Si los porcentajes de adhesión que constantemente le otorgan las distintas encuestas –nacionales e internacionales– a Chávez, los cuales no bajan en ningún caso de 50% y en ocasiones se remontan a 70% y 80%, son estimaciones correctas, la única lectura posible sobre la dimensión de la abstención es la de que un sector significativo del chavismo le ha enviado un mensaje de alerta al jefe de Estado.

A finales del año 2004 el presidente Chávez, reunido con sus gobernadores y alcaldes, realizó una serie de señalamientos críticos sobre la gestión de gobierno, destacando tres problemas que debían ser erradicados: corrupción, ineficiencia y burocratismo. En el último año los medios de comunicación –oficiales y opositores– han reseñado numerosas movilizaciones de base reclamando por los incumplimientos oficiales en materia de vivienda, inseguridad o desempleo, por citar algunos de los motivos de las protestas. Los protagonistas de estas manifestaciones se identifican como chavistas y le piden al Presidente que establezca correctivos sobre la gestión de sus gerentes.

Es posible que el tiempo haya comenzado a minar la esperanza de esos sectores, que siguen reivindicando vehementemente su lealtad a Chávez, pero se sienten víctimas de parte de la burocracia que lo representa. Si es así, al paro electoral denunciado por el Vicepresidente se le debe sumar otro paro, mucho más grave: el del corazón de un sector de los militantes de la Revolución. Chávez ha desarrollado exitosamente su proyecto internacional multipolar y, de hecho, es un clavo dentro del zapato del Pentágono. Pero si no atiende el reclamo de su gente, encontrará desánimo cuando la requiera para misiones superiores.

En cuanto a la oposición, debe barajar las fichas como en el dominó y comenzar de nuevo. El ciclo satelital parlamentario, por ahora, ha terminado. Será muy difícil para los aspirantes a reemplazar a los viejos dirigentes de partidos obtener el liderazgo de una base opositora que se ha hecho cada vez más escéptica, en la medida en que los fracasos y claudicaciones de quienes se proclaman como sus dirigentes no le abren espacio a su –una y otra vez– defraudada confianza.

La hora de la verdad ha llegado, tanto para el Gobierno como para la oposición. Chávez necesita la vibración de los corazones de la población para enfrentar retos mayores, como los que ha anunciado. La oposición debe construir un liderazgo natural y creíble y compartir una estrategia que le permita confrontarse legítimamente con un proyecto arduamente elaborado y de largo alcance como el de Chávez.

Hora Cero

El 4-D traerá múltiples cambios políticos en el futuro inmediato del país. Por un lado, el Gobierno, a través de la vocería del presidente Chávez y del vicepresidente Rangel, ha planteado la necesidad de contar con una nueva oposición partidista formal, integrada por aquellos políticos que decidieron permanecer en el modelo satelital, donde los partidos, pese a que se identifican como opositores, giran mecánicamente en torno al sistema revolucionario.

La opción tomada (democracia revolucionaria con rezago de la democracia representativa) prolonga la etapa de transición al socialismo revolucionario radical, anunciado por el jefe del Estado para ser ejecutado como fase final de "ruptura" de la historia. La ventana táctica electoral escogida por la Asamblea de Valencia del MBR-200 (19 de abril de 1997) se ha transformado en estrategia.

El llamado a la formación de una "nueva" oposición (así su expresión concreta sean caras conocidas de la IV República), acompañado del duro cuestionamiento a los recientes "conversos" a la abstención (dirigentes de los partidos que tenían representación parlamentaria –AD, Copei, Primero Justicia–, con mensaje directo al gobernador zuliano), anuncia momentos difíciles para quienes se retiraron del proceso electoral.

La decisión de seguir combinando democracia revolucionaria con democracia representativa busca neutralizar en la opinión pública internacional las dudas expresadas por Washington ("populismo radical") en cuanto a la "legitimidad de ejercicio" de la democracia representativa, que pudieran extenderse al concepto de "legitimidad de origen" y entonces justificar, si fuera necesario para la Casa Blanca, acciones más agresivas contra el gobierno de Chávez.

El dominio chavista ("hegemonía democrática", según Elías Jaua) en la Asamblea Nacional, establecido con la misión de hacer realidad la base legal del nuevo socialismo, colocará en una posición incómoda a aquellos que decidieron participar en las elecciones y constituirse en la referencia opositora satelital de relevo. Sin piso de poder parlamentario la oposición tradicional y menguada la acción de calle impulsada por los simpatizantes del 350, el conjunto de la oposición deberá comenzar desde cero su reorganización y revisar su metodología de confrontación con Chávez.

Se cumpla o no se cumpla la promesa de profundizar la Revolución cambiarán las reglas del juego en el interior del chavismo. Será casi imposible impedir la pulseada entre los sectores institucionales (MVR, partidos añadidos y funcionarios) y chavistas "de base", que se moverán para instalar el "poder de abajo" cívico-militar. Con el control pleno de la Asamblea Nacional, la Revolución debe dar, gradualmente, paso al socialismo del siglo XXI, sobre el que se clavan las expectativas de algunos sectores revolucionarios nacionales. De la situación que se produzca derivarán las respuestas nacionales e internacionales.

2006: Un año largo

El año 2006 se anuncia como un año largo y de mayúscula complejidad política, especialmente para Estados Unidos. El conflicto de Medio Oriente amenaza con desbordar Irak y derramarse hacia la República Islámica de Irán, convertida ahora en la potencia militar más poderosa de la región. El cambio de rumbo marcado por la presidencia de Mahmoud Ahmadinejad, de posiciones mucho más radicales que las de su antecesor Jatami, ha colocado en estado de alerta a Israel, sobre todo después de recibir la amenaza iraní de que, o sus pobladores abandonaban las tierras donde viven y se marchan a algún lugar de Europa, o tendrán que "desaparecer del mapa", según palabras del propio jefe del Estado persa, negador del Holocausto.

La agresiva incorporación de Irán al mapa de las hipótesis de guerra del Medio Oriente, sumado al temor de que el nuevo fundamentalismo persa disponga de bombas nucleares en el mediano plazo, activa el eje Estados Unidos-Israel bajo la perspectiva de una guerra de alta intensidad, donde la amenaza atómica, archivada durante la pos-Guerra Fría, vuelve a colocarse en primer plano. La nueva situación puede incorporar al hormiguero bélico de Irak el corredor armado sirio-iraní, que obligaría al Pentágono a cambiar el esquema de "Proyección Militar" de las guerras preventivas a la antigua doctrina de "Intervención

Decisiva" aérea de Powell, utilizada en la guerra del Golfo, y a Israel a utilizar armas de destrucción masiva.

La desestabilización global, aunada a la crisis energética mundial, puede hacer entrar en un peligroso estado de desesperación al binomio Estados Unidos-Unión Europea. Si los intentos de los llamados "moderados" iraníes para contener a Ahmadinejad fallan, el pronóstico de una conflagración total en Medio Oriente puede transformarse en realidad.

La situación en Medio Oriente concentra los esfuerzos políticos y militares de Estados Unidos en esa zona. Paralelamente, un nuevo frente antiestadounidense tiende a avanzar en América Latina. La Revolución socialista cuenta ahora con un triángulo explosivo: Cuba, Venezuela y Bolivia. La mezcla comprende Revolución, petróleo y gas. Mientras los jerarcas de la Casa Blanca escuchan las cuentas de las ganancias que mensualmente deja la crisis energética, la expansión revolucionaria bolivariana puede alcanzar rápidamente a Ecuador y Perú, mientras el eje Caracas-Buenos Aires busca la integración abierta de Brasil, el gran beneficiario de las torpezas del gobierno de Bush.

La presión de la izquierda en América Latina y el Caribe forzará a Washington a aceptar que el manejo político del Departamento de Estado ha sido derrotado por los estrategas del Congreso Bolivariano de los Pueblos –Castro y Chávez– y debe poner en marcha las tesis del Comando Sur, resumidas en la posición Rumsfeld-Pardo Maurer de militarizar los conflictos, comenzando por el área andina.

CHÁVEZ 2006

El año 2006 será el año clave en el proyecto de Chávez, tanto a escala nacional como en la continental y mundial. La dinámica de aceleración que llevan los distintos conflictos en los cuales Chávez es protagonista fundamental anuncia tiempos de vértigo para la Revolución bolivariana, en todos los ámbitos donde se mueve.

A nivel nacional Chávez tendrá que atender los desbordes y enfrentamientos que comienzan a desarrollarse entre distintos sectores de su movimiento, así como las luchas intestinas de posicionamiento en el alto poder. Solamente una eficiente –y transparente– gestión de gobierno, acompañada de un proceso de renovación de cuadros dirigentes y una fuerte ideologización, podrá devolver a su estado inicial de esperanza y cohesión a su movimiento revolucionario.

En el terreno continental Chávez tiene varios desafíos. En el corto plazo, tomar posición frente a los acontecimientos que sobrevendrán en Bolivia y Ecuador. En el mediano plazo, ir transformando el Mercosur y la CAN en los simples cimientos de la nación latinoamericana del Sur, entendida esta como una entidad geopolítica coherente, capaz de ir más allá del rechazo al ALCA en su confrontación con Estados Unidos.

Un párrafo aparte merece el arranque del Plan Andino (Plan Colombia II), previsto para enero de 2006. La reciente reunión de Quito (V Conferencia de Comandos Conjuntos), que estableció la "soberanía cooperativa" (respeto a las soberanías nacionales, menos para las amenazas trasnacionales: narcotráfico, guerrilla, "derrames" revolucionarios transfronteras, entre otras) colocará rápidamente a Chávez en momentos de definiciones rotundas en todos esos frentes. Será fundamental la posición de Colombia frente a Venezuela, punta de lanza del Plan Andino, pero esta solamente se verá con claridad después que Uribe sea reelecto.

La relación con Washington se complicará, más allá de la armoniosa relación petrolera con los apéndices trasnacionales de la Casa Blanca (especialmente Chevron-Texaco y Conoco-Phillips). La izquierdización del subcontinente, con especial énfasis en la radicalización kirchnerista (factor K) y los potenciales conflictos de Bolivia y Ecuador (falta Perú), acompañados de los procesos electorales donde la izquierda tiene posibilidades reales de tomar el poder por la vía institucional, hará que la campaña del

Comando Sur sobre la influencia de Chávez en el nuevo cuadro político arrecie (teoría del cerco).

La relación "estratégica" con Irán, ahora colocado más allá de los factores que apoyan la multipolaridad (Rusia-Unión Europea), tanto por el asunto nuclear (donde Venezuela ha sido su único apoyo público) como por la posición frente a Israel ("mudanza" del Estado-nación a Europa) y la negación del Holocausto, puede convertirse en un detonante real de magnitud mayor al incorporar a Venezuela, por la vía de la solidaridad activa (declaraciones de jefes de Estado), al conflicto de Medio Oriente.

ANEXO

En el presente anexo sobre la guerrilla venezolana y la Revolución bolivariana se muestra, tal como ha sostenido Alberto Garrido en distintos contextos, la forma en la cual las acciones del gobierno del presidente Chávez responden a un proyecto sustentado en una particular visión del mundo. Por este motivo, será de gran utilidad para el lector comprender los fundamentos que sostienen esa visión.

Guerrilla y Revolución bolivariana

Introducción

El trabajo que se presenta no pretende reconstruir la historia de la guerrilla en Venezuela. Su objetivo es buscar, con la información parcial que se dispone, el hilo conductor de la Revolución bolivariana. Para ello se toma como punto de partida la tesis de alianza cívico-militar revolucionaria adoptada por el brazo armado del Partido Comunista en 1957, y cuya consecuencia militar se tradujo en los alzamientos de Carúpano y Puerto Cabello en 1962.

Luego se narran acontecimientos que tienen que ver con el desarrollo de la guerrilla de Douglas Bravo y su organización, el Partido de la Revolución Venezolana, creada en 1966 después de que Bravo fuera expulsado del Partido Comunista. La continuidad de la línea cívico-militar revolucionaria ocurre a partir de la persistencia de Bravo en esa posición, algo que lo lleva a reinstalar en las FAN, en 1977, el guerrillero Frente Militar de Carrera –que había sido creado y activado en 1957– para reiniciar el trabajo conspirativo. En ese momento aparece un nombre clave en nuestra historia presente, el de William Izarra, oficial de la Fuerza Aérea, quien inicia la nueva etapa de preparación para el pronunciamiento cívico-militar. Pero, posteriormente, luego que Izarra fuera delatado y optara por alejarse de las FAN, surge Hugo Chávez Frías, quien a partir de 1980 se vincula al Partido de la Revolución Venezolana y a Douglas Bravo, tomando la jefatura de la conspiración en el Ejército.

Las tesis insurreccionales de la guerrilla son adoptadas por Chávez. Pero también asume del PRV el ideario de las Tres Raíces –Bolívar, Zamora y Simón Rodríguez–, el indigenismo, el nacionalismo cultural, científico y tecnológico, y el concepto de Tercer Ejército Continental. Sobre estas posiciones, largamente discutidas en la guerrilla en su proceso de nacionalización del pensamiento de izquierda, que los llevó del marxismo-leninismo al bolivarianismo pasando por el marxismo-leninismo-bolivariano, se mueve el pensamiento de los jóvenes oficiales que estaban dispuestos a acabar con la democracia representativa. Ese convencimiento traerá como consecuencia los alzamientos del 4-F y del 27-N.

Luego de la salida de Chávez de Yare en 1994 comienza otra etapa de la Revolución bolivariana. Ya será la era chavista de la Revolución. Surge el contacto con Norberto Ceresole y con Luis Miquilena. Con Ceresole se instala la tesis de la "posdemocracia", "Caudillo-Ejército-Pueblo", y la estrategia de la conformación del mundo multipolar que debe enfrentar al mundo unipolar liderado por los Estados Unidos. La Revolución bolivariana adquiere definitivamente el sello de Chávez.

Por último, se trata el escenario de guerra global de Estados Unidos contra la Revolución bolivariana, que a partir del Foro Internacional Bolivariano de Caracas se declaró como proyecto de revolución mundial antiglobalización.

Para realizar este trabajo el autor utilizó notas publicadas en *El Universal, Zeta* y *Producto.*

Guerrilla y Revolución bolivariana

Hugo Chávez era un joven teniente cuando su hermano Adán le informó que sería contactado por el Partido de la Revolución Venezolana (PRV) como parte del plan de esa organización revolucionaria para adelantar una insurrección cívico-militar. Hugo Chávez aceptó.

En los años en que Chávez cursó su bachillerato en Barinas el maestro comunista Ernesto Ruiz Guevara le había hablado sobre la injusticia social en Venezuela. A través de los hijos del profesor Ruiz Guevara, miembros de la vieja Causa Radical con los que tenía un trato fraterno, Chávez había tomado contacto, cuando todavía era subteniente, con Alfredo Maneiro y Pablo Medina. Sin embargo, las tesis matanceras de la insurrección popular a través de una huelga general de los trabajadores con el apoyo de un sector militar no llegaron a convencerlo. Chávez sostuvo, con altibajos, la relación con la Causa R, pero desarrolló su verdadera militancia con el guerrillero Partido de la Revolución Venezolana (PRV), que provenía de una división del Partido Comunista ocurrida en 1965 y cuyo jefe máximo era Douglas Bravo.

La delicada operación del primer contacto Chávez-PRV se dio por la vía del Frente Militar de Carrera, organización que los veteranos guerrilleros habían reinstalado en 1977 en el interior de las Fuerzas Armadas –la primera vez fue en 1957– y que estaba bajo la responsabilidad del profesor Nelson Sánchez, un ex miembro del FLN-FALN que coordinaba las distintas células conspirativas que se movían en las diferentes armas.

Adán Chávez le proporcionó a su hermano la clave de reconocimiento y así comenzó la conexión formal entre Chávez y el PRV, que dos décadas más tarde sería fundamental para comprender el cambio de rumbo de la historia de Venezuela.

De la guerrilla a las FAN

En 1957 el brazo armado del Partido Comunista de Venezuela, dirigido por Douglas Bravo, Teodoro Petkoff, Eloy Torres y el coronel Arráez Morles, llegó a la conclusión de que en Venezuela era posible impulsar una revolución cívico-militar. La determinación del PC se fundamentó en la caracterización de que las FAN estaban formadas por venezolanos provenientes de las clases medias y bajas. Además, estos militares, de acuerdo con los comunistas, estarían débilmente ideologizados para la defensa del *establishment*, al contrario de lo que ocurría con las FAN de Argentina, Chile o Colombia, por citar otras.

Ese mismo año se crearon el Frente Militar de Carrera y varias brigadas armadas, integradas por miembros del Partido y de la Juventud Comunista. Luben Petkoff, Arístides Rojas, "Caraquita" Urbina y Alfredo Maneiro eran algunos de los hombres que figuraban en el denominado "equipo armado". En ese momento se estaba fundando la Junta Patriótica. En 1958 la relación cívico-militar era una realidad y ya existía un Estado Mayor constituido por civiles y militares del Partido Comunista. Jesús Teodoro Molina Villegas, Pedro Medina Silva, Manuel Ponte Rodríguez y Víctor Hugo Morales fueron algunos de los 50 oficiales que formaron parte de la alianza cívico-militar. Varios de ellos posteriormente participaron en la creación de las Fuerzas Armadas de Liberación Nacional, llegando a ser comandantes de frentes guerrilleros.

Luego de la caída de Pérez Jiménez el Frente Militar de Carrera se dedicó a manejar las relaciones del Partido Comunista con las FAN, mientras las brigadas engrosaron sus filas con militantes provenientes de las universidades y de las barriadas populares. Larrazábal estaba debilitado, pero los sucesivos intentos de golpe de Estado en su contra fallaron por temor a Acción Democrática o por la confusión política reinante. Era una lucha de todos contra todos, aunque el sentimiento dominante era el temor al retorno del perezjimenismo. Uno de los militares alzados fue Juan de Dios Moncada Vidal, quien, paradójicamente, fue primero descalificado por el Partido Comunista, para años más tarde convertirse en jefe de las Fuerzas Armadas de Liberación Nacional (FALN). La confrontación dio paso a un doble poder, al extremo que oficiales activos le entregaron un lote de armas a la Brigada de Orden Estudiantil dirigida por Alfredo Maneiro y "Caraquita" Urbina.

El trabajo del Partido Comunista en las Fuerzas Armadas había sido efectivo. Además de los oficiales que reportaban directamente al Partido Comunista, el grupo "trejista" –seguidores del coronel Hugo Trejo, quien con su alzamiento del 1º de enero de 1958 había sido fundamental para precipitar la caída del dictador Marcos Pérez Jiménez– contaba en sus filas a varios militares que eran partidarios del Partido Comunista, situación que Trejo conocía y permitía. En algún momento se formó en el Partido Comunista un comando militar que tenía como misión reunirse semanalmente con Trejo para analizar la situación nacional. Posteriormente la responsabilidad de Trejo pasó a manos de Fajardo Lobato y Jesús Teodoro Molina Villegas. Corría el año 1959.

Posteriormente el brazo armado se amplió. Se formó una especie de Estado Mayor. Ingresó al equipo Gustavo Machado, cuya integridad y valor personal era respetada por amigos y adversarios. En su desafiante vida, Machado había luchado con Rafael Simón Urbina, en Falcón, y fue guerrillero con Sandino, en Nicaragua. También tenía voz decisiva Pompeyo Márquez. Paralelamente se desarrollaron las brigadas armadas. Alfredo Maneiro y Caraquita Urbina, de la Juventud Comunista, y Luis González, un militante formado por Salvador de La Plaza, destacaban en esos grupos. El primer entrenador militar del brazo armado del Partido Comunista fue el teniente Rafael Ramírez. Los cursos sobre explosivos los daba un comunista español, cuyo nombre permanece escondido en la historia.

En el año 1960 ya existía un núcleo de guerrilleros en los llanos de Apure. En Lara se formó otro grupo, bajo la conducción de Guillermo Besembel. También actuaba el "viejo" Bretto –Donato Carmona–, miembro del aparato de seguridad del Partido Comunista. En Falcón se instalaron algunos guerrilleros, comandados por Domingo Urbina, encarcelado cuando la muerte de Delgado Chalbaud. Urbina fue acompañado por dos primos conocidos como "Los Loyos" por su apellido. "Los Loyos" posteriormente se incorporarían al frente guerrillero José Leonardo Chirinos, de Falcón. Un grupo reducido de insurgentes se formó en el Turimiquire, mientras Luben Petkoff encabezaba otro en Yaracuy.

Uno de los hombres clave fue Argimiro Gabaldón, proveniente de una familia venezolana tradicional, reconocido como uno de los comandantes más preparados para la lucha armada. A su cargo estaba el frente Simón Bolívar. Más tarde se instalarían frentes guerrilleros en Trujillo y Portuguesa. También actuaba el frente de los Llanos Ezequiel Zamora, bajo la jefatura de Francisco Prada. Paralelamente se creó la guerrilla urbana, con la intención de conectarla con la campesina.

En 1960 se desprendió de AD el MIR, impulsado, entre otros, por Simón Sáez Mérida, Moisés Moleiro, Américo Martín y Domingo Alberto Rangel. Más tarde se iría de AD el ARS de Ramos Jiménez. Se dividió URD, bajo el empuje de Fabricio Ojeda. La guerrilla crecía. Pero su desorganización conceptual y organizativa, que reflejaba las distintas tendencias que se enfrentaban en los múltiples grupos y en el Comité Central del Partido Comunista, produjo un híbrido donde confluían las tesis cívico-militares, la dispersión insurgente y las líneas divergentes en el propio Buró Político del Partido Comunista, algunos de cuyos miembros se negaban incluso a adelantar la lucha armada.

En ese momento se produjo una gran agitación rural. Fueron tomadas más de 300 haciendas por los Frentes de Derecho al Pan, con enfrentamientos y muertos en Aragua y Carabobo. Ya en el poder, Rómulo Betancourt, jefe de Acción Democrática, decidió acabar con la situación insurreccional reinante y dividió a Caracas en ocho zonas de seguridad. Pero cinco de los jefes militares de esas zonas estaban vinculados a la conjura. Víctor Hugo Morales, Elías Manuit Camero, Fajardo Lobato, el "macho" Prado y el "macho" Vargas, todos con mando de tropa, querían marchar sobre Miraflores, apoyados por las brigadas y acompañados por gente de pueblo. Curiosamente, fueron los militares los que defendían esa tesis. La insurgencia civil seguía su propio rumbo, casi autista, y desaprovechó esa efervescencia que posiblemente se hubiera constituido en una ruta más expedita hacia el poder: la insurrección cívico-militar.

Ya en retroceso la movilización social, estallan los alzamientos de Carúpano y Puerto Cabello –mayo y junio de 1962–. El agotamiento de la gente había dejado las calles vacías y la toma del poder se había transformado en una opción fundamentalmente militar. La falla de caracterización de la izquierda insurreccional sobre la situación política hizo que fracasaran el Carupanazo y el Porteñazo, ya que estos no pudieron convertirse en levantamientos cívico-militares. El reloj de la historia no marcaba esa hora.

Los alzamientos de Carúpano y Puerto Cabello se habían fundamentado en el concepto de insurrección cívico-militar diseñado por el Partido Comunista en 1957. Su fracaso tuvo, entre otras consecuencias, el encarcelamiento de numerosos oficiales vinculados al Partido Comunista o al MIR, algunos de los cuales se incorporaron luego a la guerrilla. Entre los civiles que participaron en los pronunciamientos se encontraban Eloy Torres, Pedro Duno, Germán Lairet, Humberto Arrietti, Diego Salazar y Alberto Tirso Meléndez –liberados estos últimos en ese momento de la cárcel–, bajo la dirección de Guillermo García Ponce.

Las derrotas de Carúpano y Puerto Cabello tuvieron consecuencias enfrentadas. Por un lado, la insurgencia perdió sus mejores cuadros militares, que, o cayeron presos, o fueron purgados de las FAN por Betancourt. Pero otros optaron por engrosar la guerrilla. En ese momento se integró la guerrilla urbana con la rural y fueron asimilados los escasos militares que quedaban en los cuarteles. Nacieron así las Fuerzas Armadas de Liberación Nacional (FALN).

Las FALN conformaron un Cuartel General de una veintena de hombres, entre los que se encontraban militares como Manuit Camero y Manuel Ponte Rodríguez, y civiles como Douglas Bravo. Paralelamente se estableció el Frente de Liberación

Nacional, con la participación del MIR, el Partido Comunista, Vanguardia Revolucionaria (de Fabricio Ojeda), independientes no miristas de AD y algunos religiosos. El FALN era la Fuerza Armada y el FLN el frente político.

La nacionalización del pensamiento guerrillero

Al formularse la tesis de la revolución cívico-militar se presentó, para los revolucionarios, la necesidad de buscar una vía de diálogo válida para los militares. Llegaron a la conclusión de que no se podía hacer trabajo en la FAN sin colocar a Bolívar como argumento central. La nacionalización del pensamiento político de la guerrilla surgió de discusiones entre Douglas Bravo, Fabricio Ojeda, Argimiro Gabaldón, Luben Petkoff y Lunar Márquez, entre otros dirigentes rebeldes. Se debatía cómo hacer una revolución latinoamericana y caribeña. Ahí es cuando nace el concepto de marxismo-leninismo-bolivariano.

En 1964 apareció el primer informe donde se mencionaba el punto de manera estratégica. Se trata de una carta elaborada por Douglas Bravo y Elías Manuit Camero, la cual fue presentada para su discusión en la V Conferencia del frente guerrillero José Leonardo Chirinos. El documento fue seguido por la Carta de Octubre, presentada ante el Buró Político del PCV en 1965. Los testimonios fueron conocidos como los "Documentos de la Montaña". Bravo fue expulsado del Partido Comunista en junio de ese año, y el 23 de abril de 1966 fundó el Partido de la Revolución Venezolana, acompañado por los comandantes guerrilleros, el sector comunista que apoyaba la guerrilla, la Brigada N°1 de las FALN, el Comité regional y una buena parte de los dirigentes comunistas de Caracas. El nombre Partido de la Revolución Venezolana fue idea de Fabricio Ojeda, quien redactó el acta constitutiva de la organización.

En agosto de 1966 se publicó en la revista mexicana *Sucesos* una entrevista de Douglas Bravo con el periodista Mario Menéndez. Ahí se habla oficialmente de "marxismo-leninismo bolivariano". Luego se producen, sobre el mismo tema, una reseña de Reuters en 1968 y una publicación de Pedro Duno (Ediciones Continente Libre).

A partir de 1968-69 la ruptura ideológica con la llamada "ortodoxia" marxista-leninista fue irreversible. Como lo señala Francisco Prada: "La ruptura orgánica con el Partido Comunista avanza hacia una ruptura político-ideológica con el proyecto soviético y nos aproximamos al nacionalismo o continentalismo nacionalista, genuina tradición histórica del liderazgo revolucionario de las generaciones anteriores: Miranda, Bolívar, Martí, Sandino, El Che" (Prólogo al libro *La Otra Crisis*, de Douglas Bravo y Argelia Melet, Original Editores, 1991). También se reivindica a Zamora, porque es el símbolo de la Guerra Federal, una guerra campesina. Se exalta la cultura del héroe, y el héroe era Simón Bolívar. Esto mismo valía para el resto de los países del continente, que también tienen sus héroes, llámense San Martín, Artigas u O'Higgins.

LA REVOLUCIÓN BOLIVARIANA

El proyecto de la Revolución bolivariana nació, con entidad histórica, en 1964. El 18 de octubre de ese año el Comité Regional de la Montaña aprobó, con el visto bueno del FLN y de la Comandancia General del frente guerrillero José Leonardo Chirinos, el informe sobre la situación político-militar del país formulado por Douglas Bravo y Elías Manuit. En el papel de trabajo se reitera el concepto elaborado en 1957 por el Partido Comunista sobre la alianza cívico-militar revolucionaria. El documento señala que

> la mayoría de los oficiales y suboficiales proceden de la mediana y pequeña burguesía e incluso de las clases populares (...). Es tarea central del movimiento de liberación nacional tomar en cuenta esas características para desarrollar un trabajo permanente en el seno del Ejército,

que abra las perspectivas para las posibles alianzas a corto y a largo plazo en el proceso de la conquista del poder (Bravo, Douglas, *Documentos de la Polémica*, Iracara, Venezuela, 1978, pp. 27-28).

Ese es el primer testimonio escrito que se ha encontrado sobre la evolución del concepto de "alianza" y posterior "fusión" entre sectores revolucionarios de la guerrilla y de las Fuerzas Armadas venezolanas. El informe señalaba que

una de las características de la sociedad venezolana es la no existencia de clases cerradas en lo económico, político e ideológico. Esta característica tiene su origen fundamental en el carácter libertador de nuestro Ejército independentista y en el carácter igualitario y popular de la Guerra Federal (*Ibidem*, p. 28).

En los "Documentos de la Montaña" se habla de "Ejército Emancipador", reclamando la continuidad histórica de la insurgencia armada de izquierda con el ejército de Bolívar.

El trabajo de inserción de la guerrilla en la FAN fue estimado a corto y largo plazo. De acuerdo a esta estrategia, sería

a largo plazo, para acumular cuadros y recursos materiales para el momento insurreccional, evitando quemarlos en acciones inoportunas. A corto plazo, para hacer de las FAN una fuente proveedora de armamentos, recursos logísticos, informaciones, etc., para el movimiento revolucionario. Estos recursos pueden ser aportados por el trabajo interno ordinario y promoviendo desprendimientos que además de agudizar la crisis nos acercarán al objetivo y nos proporcionarán recursos humanos y materiales (*Ibidem*, p. 85-86).

La guerrilla nunca se planteó una revolución dirigida por las Fuerzas Armadas. Así, los "Documentos de la Montaña" dejan claramente establecido que:

> las fuerzas armadas enemigas, si trazamos y realizamos una táctica y estrategia adecuada –sin olvidar su actual poderío militar– y aprovechando sus puntos débiles –fijando, distrayendo, hostigando, aislando y aniquilando sus puntos débiles en el tiempo y espacio adecuados–, cada día las iremos reduciendo hasta su mínima expresión, hasta lograr su derrota total (*Ibidem*, pp. 85-86).

Es importante destacar que la figura del Libertador siempre estuvo presente en la guerrilla venezolana. Cuando los "Documentos de la Montaña" se aprobaron existía el frente Simón Bolívar, a cargo de Argimiro Gabaldón. También actuaba el frente de los Llanos Ezequiel Zamora, bajo la jefatura de Francisco Prada. Solamente faltó en ese momento la creación de un frente con el nombre de Simón Rodríguez para tener el árbol de las Tres Raíces. Sin embargo, hacia fines de los años 60 ya la figura de Simón Rodríguez era reivindicada por la guerrilla. Cuando apareció Ruptura, brazo legal del Partido de la Revolución Venezolana (PRV), el sector guerrillerista de Bravo, se distribuyó un afiche de la organización con el rostro del maestro de Bolívar.

Pese a que la guerra de guerrillas se encontraba en pleno apogeo, ya Bravo se planteaba el retorno a las FAN para rehacer bajo el ideario bolivariano la alianza cívico-militar, fórmula revolucionaria con posibilidades de triunfo. En ese mismo tiempo se produce el vuelco ideológico de los revolucionarios. Afirma Bravo: "Cuando a nosotros nos expulsan del Partido Comunista es porque estamos reivindicando los elementos teóricos de Simón Bolívar, de Simón Rodríguez, de Zamora y de otros pensadores nuestros, cuyos postulados chocaban con los de la ortodoxia del pensamiento soviético" (Garrido, Alberto, *Guerrilla y Conspiración Militar en Venezuela*, Editorial Venezolana, Mérida, 1999, pp. 34-35). En ese momento –a mediados de la década de los 60–, el pensamiento de la guerrilla buscaba nacionalizarse relegando el clásico marxismo-leninismo de la izquierda.

Ya el PRV había agregado a sus tesis políticas puntos como la defensa del indigenismo, el ecologismo, el nacionalismo cultural, científico y tecnológico, el revisionismo histórico y la creación de una religión popular sincrética que incorporaba el culto a Bolívar. Por eso la revolución se definía como cívico-militar-religiosa. En lo internacional se reivindicaba una "Tercera Vía" que se apartaba de la confrontación bipolar y se acercaba a las posiciones chinas de la Revolución Cultural.

La meta política trazada era la alianza cívico-militar, que se traducía en la conformación del Tercer Ejército o Ejército Continental de Bolívar, producto de la fusión de los sectores revolucionarios de las FAN con la vieja guerrilla. La Revolución bolivariana sería consecuencia de la "ruptura histórica" (de ahí que la publicación de la organización se llamara *Ruptura Continental*), tras la cual se crearía una nueva civilización.

EL RETORNO DE LA GUERRILLA A LAS FAN

Hacia fines de los años 60, cuando la guerrilla estaba militarmente vencida, Bravo decidió impulsar frontalmente su estrategia revolucionaria cívico-militar. A principios de los 70 se encontraba en París, acompañado de un reducido equipo que sería entrenado para insertarse en las FAN. El estudio de libros sobre espionaje, la lectura de textos de historia militar y la simulación de operaciones que permitieran desarrollar la conjura en las FAN se convirtieron en el día a día de los elegidos.

Paralelamente, se analizaban los puntos por donde era más fácil ingresar a las FAN. Así, detectar los cargos vacantes para asimilados, realizar un censo de familiares de los militantes del Partido de la Revolución Venezolana y, a partir de esa primera fase, dedicarse a la captación de nuevos oficiales pasaron a ser los caminos escogidos para cumplir la estrategia fijada. En esta etapa fue fundamental el aporte del coronel (R) Hugo Trejo, quien conservaba intacto su prestigio en las FAN. Trejo hizo de enlace con numerosos oficiales que luego serían vitales en el desarrollo de la conjura, entre ellos, Hugo Chávez.

Con la logística en las FAN parcialmente estructurada, Bravo designó al profesor Nelson Sánchez, un tachirense egresado de la UCAB, para insertarse en las FAN y coordinar la conspiración. Una casualidad, el encarcelamiento de Richard Izarra, editor de la revista de izquierda *Reventón*, permitió que veteranos dirigentes guerrilleros –Francisco Prada, Diego Salazar, Alberto Meléndez– que se encontraban presos con el joven periodista de 19 años entraran en contacto con su hermano, el oficial de Aviación William Izarra, y se diera el vínculo entre Izarra y Bravo. Izarra era un hombre de prestigio en su fuerza –fue Alférez Mayor-. Izarra quedó seducido con los planteamientos de Bravo y se dedicó a trabajar con ahínco en la formación de un movimiento clandestino que debía impulsar la Revolución desde las FAN. Así nacieron, sucesivamente, con base en la Fuerza Aérea, Revolución 83 y la Alianza Revolucionaria de Militares Activos (ARMA). La vida del grupo llegó hasta el retiro de Izarra de las FAN, como consecuencia de una delación.

En el Ejército también se formó una célula integrada por oficiales jóvenes. Al principio algunos de ellos tenían contacto con ARMA, pero luego se independizaron y crearon sucesivamente el Comité de Militares Patrióticos, Bolivarianos y Revolucionarios; el Ejército Bolivariano Revolucionario (EBR) y el Movimiento Bolivariano Revolucionario-200 (MBR-200), que respondía mejor al concepto de insurrección cívico-militar diseñado por Bravo. Pocos militares, entre ellos Chávez, sabían de la existencia del cerebro ordenador de la conjura, Douglas Bravo.

Toda la teoría revolucionaria estaba servida para los jóvenes oficiales: su elaboración le había llevado a la dirigencia guerrillera, para ese momento, más de tres lustros. Hasta Alí Primera era emblema cultural del PRV.

La militarización del proyecto

Mientras ARMA desaparecía con Izarra, el MBR-200, con base en el Ejército, se expandió de manera consistente bajo la conducción de Chávez. En 1983 Bravo reúne a los jefes de fuerzas y deja la coordinación de la conspiración bajo la responsabilidad de Hugo Trejo. Aunque el jefe de la conspiración militar era Izarra, al retirarse este de las FAN, Bravo se inclinó por Chávez para sucederlo. En 1985 el PRV comienza a desmembrarse y Chávez siente la necesidad de buscar otros aliados.

En 1986 Francisco Arias Cárdenas, quien había estado cerca de la gente de ARMA y del Ejército Bolivariano (EB), aceptó reunirse con Chávez en San Cristóbal para discutir los términos de una alianza con su compañero de fuerza. Mientras Chávez sostenía, en líneas generales, las viejas tesis guerrilleras, Arias planteaba la necesidad de desarrollar una conspiración militar clásica, hacia el interior de las FAN, aunque preservando los contactos con el sector civil, del cual era necesario, fundamentalmente, el apoyo logístico. En ese momento el proyecto comienza a militarizarse, porque la dirección de la conspiración se traslada al interior de las Fuerzas Armadas. Los civiles pasaron a un segundo plano.

La relación con Bravo se sostuvo hasta 1989. Pero Chávez se distanció definitivamente de los guerrilleros del PRV en 1991. Si bien el pacto Chávez-Arias había desplazado a Douglas Bravo, permanecieron vigentes las tesis guerrilleras de la Revolución bolivariana cívico-militar, que solamente cambiaron de dueño: ahora pertenecían a los militares. La posterior llegada al MBR-200, como ideólogo, de Kléber Ramírez, ex guerrillero del PRV que había recorrido, durante cuatro décadas de su vida, desde Vietnam hasta Nicaragua, pasando por Irak y Libia, significaba un reconocimiento a las ideas de Bravo.

Con un doble liderazgo, donde Arias tenía influencia sobre la mayoría de los oficiales conspiradores y Chávez se apoyaba fundamentalmente sobre su promoción (Simón Bolívar II) y sobre sus "centauros" (alumnos de la Academia Militar), la conjura avanzó hacia su desenlace.

La tragedia del 27-F –el Caracazo– fue el detonante para revitalizar la idea del alzamiento. Luego de febriles intentos para organizar Caracas –el sector militar más débil en el pronunciamiento–, al extremo de que los capitanes a cargo de la capital, Ronald Blanco La Cruz y José Rojas Suárez, terminaron pactando con Bandera Roja su apoyo y generando fricciones con Chávez y Arias, el levantamiento militar se produjo el 4-F de 1992, aunque con escasa participación civil por situaciones no claramente reveladas todavía.

Arias diseñó el plan del 4-F. A Chávez no le gustó. Arias quedaría al frente de Miraflores si la insurrección triunfaba, mientras Chávez seguiría camino hasta Fuerte Tiuna. Chávez optó por quedarse en el Museo, entre otros motivos, porque no quería ser pieza de museo. Fracasado militarmente el pronunciamiento del 4-F, la relación entre los principales protagonistas de la rebelión de febrero se hizo difícil.

Chávez mandaba sobre su gente, pero Arias contaba con más oficiales. Luego del 27-N, cuando se frustró la fuga de los comandantes de Yare por nuevos desencuentros entre Chávez y sus compañeros, los caminos entre los juramentados se abrieron definitivamente. Chávez decidió radicalizar su discurso y llamar a la abstención, mientras Arias quería integrarse a la vida política tradicional para buscar su ascenso al poder por el sendero de la democracia representativa.

En la cárcel Arias se opuso a los reclamos de algunos de sus compañeros contra Chávez. Sabía que el emblema del 4-F era Chávez. Con Chávez a su lado negoció con Caldera la libertad del grupo y la reincorporación de muchos de ellos a las FAN. Más tarde se separaron otra vez sus caminos y Chávez demostró que su decisión había sido más acertada que la de Arias. Sin embargo, cogobernaron hasta que Arias entendió que Chávez nunca dejó de pensar como Chávez. Luego se enfrentaron electoralmente y ganó Chávez.

El 11 de abril, cuando Chávez cayó del poder por unas horas, Arias se encontraba en el centro del huracán, Fuerte Tiuna. Pedía que se dejara salir del país a Chávez, pero los oficiales activos se negaron. Cuando Arias comprendió que también él estaba fuera de juego, llamó a Raúl Baduel, comandante de los poderosos paracaidistas, e inclinó la balanza a favor de Chávez. Arias, nuevamente, protegió a Chávez poniéndole unas condiciones que Chávez desdeñó. Lo demás es historia parcialmente conocida.

Chávez y la "posdemocracia" de Ceresole

Cuando Hugo Chávez salió de Yare nueva gente se encontraba a su lado. Pasó por su vida, como una estrella fugaz, Domingo Alberto Rangel, quien influyó en las posiciones abstencionistas del Chávez de esa época. Otro sector importante del flamante entorno lo constituían Luis Miquilena, José Vicente Rangel y Manuel Quijada, quienes se inclinaban por conducir a Chávez hacia el poder por la vía electoral.

Pero Chávez, con sus viejos hábitos de clandestinidad intactos, sostenía, como consecuencia del 4-F, una relación epistolar con los Carapintadas argentinos. Tal vez por esa razón su primer viaje al exterior fue a Buenos Aires, en 1994, apenas puesto en libertad. Ahí comenzó un fructífero vínculo intelectual con el sociólogo argentino Norberto Ceresole, asesor del "vasco" De Sagastízabal, Raúl Seineldín y el coronel Rico, jefes de varios intentos de golpes de Estado –frustrados– contra el gobierno libremente elegido en ese país. Todos ellos tenían algo en común: eran ultranacionalistas católicos, peronistas de ultraderecha, nazi-fascistas y habían participado en la "guerra sucia" contra los sectores de izquierda y liberales de Argentina. Además, su ideólogo y asesor era el sociólogo militarista neonazi Norberto Ceresole.

Chávez y Ceresole se encontraron en Argentina, y desarrollaron una intensa relación intelectual. Norberto Ceresole arribó a nuestro país de la mano de Hugo Chávez. Apenas llegado a Venezuela, fue expulsado por el gobierno de Caldera. Chávez tomó de Ceresole dos ideas centrales. Debía gobernar con legitimidad popular ("Con Chávez manda el Pueblo"), pero a través del Ejército (obediencia debida) para evitar caer en el "saco de gatos" que se forma en la discusión política de las democracias representativas. El modelo fue bautizado por Ceresole como "posdemocracia".

En el plano internacional, se trataba de ayudar a construir un mundo pluripolar capaz de enfrentar al mundo unipolar liderado por los Estados Unidos. Ese Nuevo Orden Internacional (NOI) debía conformarse con los aliados "estratégicos" –gobiernos y movimientos opuestos a Estados Unidos, independientemente de su signo ideológico–.

Ceresole se le presentó a Chávez como ex montonero, ex asesor del general Velasco Alvarado, interlocutor de Perón y de Salvador Allende, amigo del fallecido jefe de la inteligencia cubana, comandante Piñeiro, ex miembro de la Academia de Ciencias de la URSS, ex colaborador del Ministerio de la Defensa de España y vinculado con los movimientos islámicos integristas. En el momento de su fallecimiento –mayo de 2003– era asesor del ex presidente interino de Argentina, Adolfo Rodríguez Sáa, y del coronel carapintada Aldo Rico. Antes lo fue del ex presidente Menem.

En la breve reseña sobre su muerte aparecida en la prensa venezolana se informó, además, que nació en Buenos Aires, en 1943, y que había sido militante de la fracción guerrillera ERP-22 (Ejército Revolucionario del Pueblo-22 de agosto), escisión del trotskista ERP que se incorporó a los Montoneros.

De acuerdo con esos datos, Ceresole fue nacionalista y militarista (Velasco), estalinista (URSS), trotskista (ERP-22), peronista de izquierda (montonero), demócrata (gobierno español), "posdemócrata" (Menem y Rodríguez Sáa), fascista (Massera y Viola), antisemita (Carapintadas y demás) y revolucionario bolivariano.

Más allá de algunas oscuridades, que tal vez el tiempo se encargue de aclarar, Ceresole se conectó, muy joven, con Velasco Alvarado y Mercado Jarrín y se transformó en uno de los enlaces entre el gobierno peruano y el soviético. Concluida esa etapa, regresó a Argentina, donde se vinculó a la guerrilla marxista-leninista-trotskista para de ahí saltar al peronismo

montonero. Al comenzar la matanza dirigida por los paramilitares neonazis de López Rega, Ceresole viajó a Madrid. Transcurría 1974.

En España pasó a dirigir el Instituto de Estudios Latinoamericanos que preparó el programa del Partido de la Democracia Social dirigido por un integrante de la Junta Militar de Videla, Emilio Massera, un hombre relacionado con la logia italiana fascista P-2. También fue asesor del general Viola.

CERESOLE ASESORÓ A QUIENES EXTERMINARON A SUS COMPAÑEROS

De retorno a Argentina, Ceresole contactó con Raúl de Sagastizábal, jefe del grupo neonazi Albatros, de la Infantería de Marina. Al ocurrir los atentados contra la mutual israelita (AMIA) y la Embajada de ese país (1992-1994), que dejaron decenas de muertos y heridos, Ceresole acusó a los judíos de haber ejecutado la masacre ("Carta Abierta a mis Amigos Iraníes"). Estableció nexos con el gobierno de Irán y se relacionó con el movimiento integrista Hezbollah, sobre el cual publicó un libro.

Más tarde acusó al capitán Scilingo, uno de los torturadores de la Escuela de Mecánica de la Armada que confesó sus crímenes, de ser parte de una manipulación judía en contra de la Marina argentina y del llamado Proceso argentino, que dejó 30 mil muertos y desaparecidos. El 19 de abril del año 2000 el diario

La Nación, de Argentina, informaba que el gobierno de Chile había prohibido el ingreso, para asistir al Congreso Neonazi de Santiago, a Norberto Ceresole y a los representantes del grupo paramilitar argentino Cóndor.

El 13 de diciembre del 2000, el Equipo Nizkor, miembro de Serpaj Europa, Human Rights (Estados Unidos) y Global Internet Liberty Campaign denunciaron actos racistas y xenófobos en las universidades. El 15 de noviembre Ceresole había dictado en la Facultad de Ciencias Económicas de la Universidad Complutense de Madrid una conferencia antijudía organizada por el grupo neonazi Nuevo Cauce. La denuncia fue apoyada por la Comunidad Palestina de Valencia. El 6 de septiembre de 2001 el Comité de Solidaridad con la Causa Árabe (CSCA) denunció una planificada infiltración nazi-fascista en la Coalición Palestina de España.

En la reunión No. 47 de la organización neonazi Patria Argentina, Ceresole presentó uno de sus últimos trabajos sobre Venezuela ("A Propósito del Presidente Chávez: un falso camino es un camino sin retorno"), que hace las veces de testamento ideológico del veterano asesor. Allí dice:

> Chávez no comprendió nunca el sentido de mi lucha. En los últimos tiempos él impidió que se lo pudiera repetir cara a cara (...). Lo de Chávez es, en definitiva, una auténtica rendición (...). Obnubilado por sus fantasías ideológicas el Presidente Chávez equivocó radicalmente su rumbo estratégico: no sólo no hay una molécula de revolución en esa izquierda, que por su historia representa lo mismo que su contraparte oligárquica e imperialista: sólo destrucción. Un camino equivocado es un camino sin retorno.

La historia coloca a cada uno de sus protagonistas en su justo lugar.

CHÁVEZ Y LOS CARAPINTADAS PERONISTAS

La relación entre Hugo Chávez y los militares golpistas argentinos conocidos como Carapintadas, nombre que adquirieron al pintarse los rostros para "ir a la guerra" contra el gobierno de Raúl Alfonsín en los alzamientos del 15 de abril de 1987 (Semana Santa), enero de 1988 (Monte Caseros), diciembre de 1988 (Operación Virgen del Valle) y el 3 de diciembre de 1990 (Operación Virgen de Luján), comenzó cuando el jefe del grupo Albatros, de la Infantería de Marina argentina, Raúl de Sagastizábal, le hizo llegar al vocero del pronunciamiento militar del 4-F una carta donde cuestionaba el contenido de unas declaraciones otorgadas por Chávez a la prensa.

En esa entrevista Chávez diferenciaba su movimiento del encabezado por los militares argentinos, a los que llamaba "gorilas". De Sagastizábal, conocido como "El Vasco", le señalaba a Chávez que su posición tenía que ver con la naturaleza y la historia del peronismo, y se ofrecía para explicarle al teniente coronel venezolano su peculiar visión del proceso liderado por el general Juan Domingo Perón. A Chávez le interesó la propuesta y así se inició la correspondencia entre los jefes carapintadas y quien más tarde sería presidente de la República Bolivariana de Venezuela.

En una carta dirigida al capitán Darío Arteaga Páez, fechada en Yare el 1º de noviembre de 1992, Chávez le indica a su compañero de armas "Muy bueno el contacto con los 'Carapintadas'. Por aquí también hemos recibido comunicación de ellos. No recibí la carta que me dices de Seineldín, anexa". (Garrido Alberto, *El Otro Chávez*, Ediciones del Autor, Mérida, p.104). El coronel Mohamed Alí Seineldín era otro de los jefes carapintadas, junto con el coronel Aldo Rico, y fue indultado por el presidente Duhalde. Más tarde Seineldín se uniría públicamente al movimiento de Lindón Larouche, quien adversa a Chávez.

De Sagastizábal había fundado con Norberto Ceresole, a fines de 1994, el Centro de Estudios Argentina en el Mundo

(CEAM). A mediados de ese año había recibido la visita en Buenos Aires de Hugo Chávez, quien acababa de abandonar la cárcel y tenía una invitación de "El Vasco" para tomar contacto personal con los Carapintadas. La invitación se hizo a través de una empresa petrolera privada argentina con intereses en Venezuela para prevenir dificultades.

La reunión de Chávez con los Carapintadas se dio en la casa de Ceresole, asesor del grupo. En esa oportunidad la esposa de De Sagastizábal organizó una rueda de prensa para Chávez, algo que provocó recelo en los militantes de la izquierda sureña. Luego del encuentro, Chávez tomó la decisión de trasladarse a Caracas con De Sagastizábal y Ceresole, de quien le habían impresionado sus tesis geopolíticas multipolares. Posteriormente se dirigieron a Santa Marta, Colombia, donde se encontraron con viejos jefes del bolivariano M-19 y con algunos militares retirados colombianos, también bolivarianos, con quienes firmaron el Acta de Santa Marta, comprometiéndose a desarrollar el Movimiento Bolivariano Latinoamericano.

Posteriormente, De Sagastizábal retornó a Caracas, en marzo de 1995, para invitar a Chávez a participar en los actos conmemorativos del 13° aniversario de la "Recuperación de Las Malvinas". Chávez viajó al Sur junto con el coronel Luis Alfonso Dávila y Manuel Quijada, quienes lo habían acompañado igualmente en su primer viaje a la tierra de Perón. Esos actos culminaron el 2 de abril con una misa celebrada por un capellán militar en una capilla réplica del cementerio de Darwin, localizada en Piar, provincia de Buenos Aires. Luego Chávez regresó a Venezuela.

Pese a que Chávez desarrolló el vínculo fundamental con los Carapintadas con su ideólogo, Norberto Ceresole, los nexos con De Sagastizábal jamás se rompieron. La última vez que tomaron contacto fue al ocurrir la muerte de Ceresole. Fue De Sagastizábal, exiliado en Uruguay, el encargado de darle la noticia, vía telefónica. A través de los Carapintadas Chávez se relacionó con otros jefes peronistas. En las últimas elecciones envió una carta de solidaridad a Adolfo Rodríguez Sáa, quien contaba con el respaldo de Aldo Rico. Ambos, por cierto, eran asesorados por Norberto Ceresole.

CUBA Y LA REVOLUCIÓN BOLIVARIANA

La relación directa entre los revolucionarios de Venezuela y la Revolución cubana comienza con una serie de encuentros ocurridos en febrero de 1959 en Cuba entre Douglas Bravo, Raúl Castro, el Che Guevara, Carlos Rafael Rodríguez y Flavio Bravo, enlace del Buró Político con el Estado Mayor de Castro.

Previamente, en Venezuela se había formado un equipo de apoyo a la insurrección liderada por Fidel Castro cuando este todavía se encontraba en Sierra Maestra. Desde una radio caraqueña se transmitía un programa llamado *Un bolívar para la Sierra Maestra* que proporcionó importantes recursos económicos para los rebeldes. Marcelino Madrid y Gastón Carballo, militantes del Partido Comunista, habían logrado realizar un traslado de armas para los guerrilleros cubanos con el visto bueno de Larrazábal. El envío fue recibido por Raúl Castro.

Cuando comenzó formalmente la guerrilla en Venezuela la Revolución cubana le proporcionó apoyo irrestricto. Luego de la llamada Crisis de los misiles en 1962, Castro, que se oponía al acuerdo EEUU-URSS, que implicaba el desmantelamiento de las bases de misiles en Cuba y el cese de la intención de internacionalización de la Revolución cubana, se molestó con el Buró Político del Partido Comunista cubano y dejó al Che Guevara, al Comandante Piñeiro y a Celia Sánchez encargados de ese tipo de operaciones. Se realizaron las Declaraciones I y II de La Habana y luego se formó la Tricontinental, que representaba una internacional que reemplazaba a los Partidos Comunistas que no querían la lucha armada. Luego se creó la OLAS (Organización Latinoamericana de Solidaridad). En Venezuela, Pedro Ortega Díaz y Jesús Faría compartían la posición pacifista de la URSS y se enfrentaron con el sector guerrillerista.

Pero se produjeron simultáneamente otros acontecimientos muy importantes. La mayoría del MIR abandonaba la lucha armada. Maneiro, Freddy Carquéz, Luben Petkoff, Lunar Márquez, Alí Rodríguez, entre otros, emprendieron su diáspora, fundando distintas organizaciones. En 1965 expulsan a Douglas Bravo del Partido Comunista. Un año después se funda el PRV. El mismo proceso de dispersión ocurre en el MIR, con Carlos Betancourt, Puerta Aponte y Julio Escalona, entre otros.

En 1966 un grupo de milicianos cubanos ingresa a Venezuela por Falcón, con Arnaldo Ochoa a la cabeza. Luego vendría el Desembarco de Machurucuto, donde murió ejecutado Briones Montoto, jefe de seguridad de Fidel Castro. En total, Fidel Castro llega a enviar a Venezuela 17 de sus mejores hombres de Sierra Maestra.

En 1966 la guerrilla decide emprender la ruta hacia la frontera con Colombia, con el fin de declarar allí una "zona liberada". En 1967 se encuentra en Masparro. Carlos Marighela, el jefe revolucionario de Brasil, compartía la idea. La zona comprendía Apure, Barinas y la sierra de Perijá. Pero el proyecto nunca se hizo realidad.

Hacia finales de la década del 60 la guerrilla fue, al fin, militarmente derrotada. Los cubanos que estaban en Venezuela retornaron a su tierra. Fueron fusilados o "desaparecidos" varios dirigentes del PRV. Habían muerto Fabricio Ojeda, Andrés Pasquier, Felipe Malaver, Tejero, Napoleón Rodríguez, entre muchos otros. Aproximadamente el 80% de la Dirección Política y Militar del PRV estaba presa o había sido ejecutada. Pero el elemento central de la derrota fue el ascenso de CAP al poder en 1973 y el llamado "boom" petrolero. Pérez, inteligentemente, en nombre del tercermundismo, hizo convenios con la URSS, con Cuba, con China, con toda la izquierda "permitida", nacional y mundial. Eso terminó de aislar a la guerrilla.

La guerrilla bolivariana en el mundo

Entre 1968 y 1969 se dio una relación importante de la gente del PRV con China. Eran los tiempos de la Revolución Cultural. Hacia allí viajaron Douglas Bravo, el "Catire" Leo Rodríguez Larralde y otros miembros del PRV, entre ellos Bernard Mommer, principal ideólogo de las tesis petroleras. También se generó una relación, pero mucho más operativa, con algunos países árabes, como Irak, Libia y Argelia. El PRV había discutido largamente sus tesis petroleras, de profundo sello nacionalista, y una de sus consecuencias fue la decisión de entablar relaciones con los gobiernos árabes considerados antiestadounidenses. Uno de los asesores de las tesis petroleras nacionalistas fue Manuel Egaña.

La decisión de vincularse a esos países ocurre después de la guerra árabe-israelí. Pedro Duno hacía las veces de embajador de Libia. Con Irak la relación se daba a través de un Comité de Solidaridad. Idéntico correaje era utilizado con Corea del Norte. A Corea del Norte se dirigieron Bravo, Argelia Melet y el fallecido Diego Salazar, quien estuvo a cargo de la salida del grupo venezolano en Irak cuando estalló la guerra Irak-Irán. En ese momento el responsable del PRV en Irak era Kléber Ramírez.

Con Libia el vínculo se enfrió porque Khadaffy pretendía que el Libro Verde se transformara en el manual de la Revolución venezolana. Algo parecido ocurrió con Corea y los libros de Kim Il Sum. Existieron otras relaciones todavía ausentes en la historia oficial.

Algunos oficiales activos de extrema confianza vinculados a la conspiración viajaron a varios de esos países, como parte del proyecto internacional de la Revolución bolivariana.

Chávez y la izquierda mundial

El encuentro Fidel Castro-Hugo Chávez, realizado en 1994, permitió una inmediata relación de empatía entre ambos comandantes. Chávez también visitó Colombia en 1994 invitado por dirigentes del pacificado M-19.

En Colombia Chávez desarrolló la idea de reactivar los Congresos Anfictiónicos bolivarianos. En sucesivos viajes, entre los años 1994 y 1995, un conjunto de organizaciones de izquierda, revolucionarias y bolivarianas, decidieron impulsar la Anfictionía. Panamá, Venezuela y Argentina fueron las sedes de los encuentros, donde se discutió a fondo cómo adelantar la reorganización de la izquierda, primero a nivel continental y luego a escala mundial. La solidaridad de la intelectualidad europea de izquierda llegó fundamentalmente por la vía de Castro. Heinz Dieterich, Richard Gott, periodista inglés, célebre por haber sido quien reconoció el cadáver del Che Guevara en Bolivia, e Ignacio Ramonet, Director de *Le Monde Diplomatique*, son algunos de los nombres más conocidos.

También el "fenómeno Chávez" tiene seguidores atentos en EEUU (los esposos Toffler, Noam Chomsky). Pero, sobre todo, Chávez ha logrado reunir tras su figura a muchos de los máximos dirigentes antigloblalización del planeta y a numerosos partidos políticos de izquierda. Es ilustrativo el ejemplo de Argentina, donde el chavismo cabalga briosamente con el Partido Comunista Argentino (sector Athos Fava), la agrupación Patria Libre y algunas organizaciones peronistas.

DEMOCRACIA REPRESENTATIVA O DEMOCRACIA PARTICIPATIVA

Chávez siempre sostuvo que instalar el proceso revolucionario en Venezuela llevaría 20 años a partir de la toma del poder. En julio de 1992 dio a conocer, desde la prisión de Yare, uno de los documentos más importantes de la llamada Revolución bolivariana: *¿Y cómo salir de este laberinto?* Allí afirmó: "Sólo una situación de transición en equilibrio permitirá la selección y siembra de un modelo de desarrollo hacia una nueva sociedad, creativa y solidaria. El MBR-200 propone para ello la discusión del Proyecto Nacional Simón Bolívar, estructurado en torno a un elemento estabilizador en alto grado y con grandes perspectivas de viabilidad: la fusión cívico-militar. *El objetivo estratégico del*

Proyecto Nacional Simón Bolívar se ubica en un horizonte lejano de 20 años, a partir del escenario inicial. Tal situación futura estará signada por un nuevo modelo de sociedad" (Garrido, Alberto, *Documentos de la Revolución bolivariana*, Yare, Ediciones del Autor, Mérida, p.142).

En julio de 1996, cuando decide acudir "tácticamente" al proceso electoral de 1998 con el nombre Quinta República, los conceptos se reiteran esta vez a través de la Agenda Alternativa Bolivariana, programa para un gobierno de transición dirigido por Jorge Giordani, Adina Bastidas, Héctor Navarro, Francisco Mieres, Mendoza Potellá y otros profesores de la UCV, quienes posteriormente se enfrentarían como cabezas de los Grupos Garibaldi –Giordani– y Venezuela Alternativa –Adina Bastidas–.

La Agenda Alternativa Bolivariana (AAB), luego reformada, se fundamentó en ocho líneas estratégicas de trabajo (papel del Estado, política petrolera, propiedad y gestión del aparato productivo, educación, cultura, ciencia y tecnología, deuda externa, equilibrios macroeconómicos, equilibrios macrosociales y, por último, dinamización de la producción). La Agenda Alternativa fue considerada por Chávez "el comienzo de nuestra nueva historia (...), la muerte de lo viejo y el nacimiento de lo nuevo", ya que "plantea no solamente la reestructuración del Estado, sino de todo el sistema político, desde sus fundamentos filosóficos, hasta los componentes de las relaciones que los regulan".

De acuerdo con Chávez, la AAB y el Proyecto (político) de Transición Bolivariano "serán los motores para el despegue hacia el Proyecto Nacional Simón Bolívar, cuyos objetivos se ubican en el largo plazo" (*Ibidem*, p.200).

En 1998 Chávez, al referirse al Proyecto de Transición en sus conversaciones con Agustín Blanco Muñoz, le dice al profesor y periodista:

> lo último que hemos venido trabajando es un modelo de cinco líneas estratégicas. Es un paso delante de aquella

Agenda Alternativa Bolivariana de hace tres años. Nueva democracia —más tarde "democracia participativa"—, nuevo modelo económico, humanista, endógeno, autogestionario, deuda social, desconcentración —geopolítica— del poder en el país e inserción geopolítica globalizada, entendida como la "globalización dentro de un polo de poder" (Blanco Muñoz, Agustín, *Habla el Comandante*, UCV, Caracas, 1998, pp. 623-624).

La actual etapa del proceso revolucionario fue planificada para ser desarrollada, al menos, por dos décadas. Algunas cosas han salido mal —Chávez *dixit*—, pero la estrategia no ha cambiado. Veinte años lleva instalar la Revolución desde el conteo inicial de la era de gobierno centralizado (2001-2021).

Para Chávez el juego democrático-representativo con la dirigencia de la oposición es táctico, siempre táctico. La estrategia es, simplemente, la Revolución bolivariana.

La Venezuela prerrevolucionaria

El Proceso ha ingresado, de lleno, a su etapa prerrevolucionaria. La situación prerrevolucionaria venezolana es atípica. Es decir, combinada. Es prerrevolucionaria porque cumple con varios de los elementos que contiene, teóricamente, esa definición. Es combinada porque se desarrolla como política de Estado de apariencia democrática-representativa que aspira a constituirse en participativa. Por otra parte, el proceso revolucionario dice respetar la legalidad internacional de las democracias representativas.

Entre los elementos de la situación prerrevolucionaria que se cumplen en la coyuntura venezolana se encuentran los siguientes: a) los partidos tradicionales atraviesan un largo período de erosión; b) el modelo económico tradicional naufraga en una crisis sin salida, estructural; c) el aumento de la inestabilidad política y social ocurre conjuntamente con la acumulación de conflictos en un solo momento —teoría de la fusión de conflictos, clave de las situaciones prerrevolucionarias–; e) se han establecido "zonas liberadas"; f) los factores revolucionarios han conformado un poder combinado –grupos civiles urbanos y rurales armados asociados con grupos del poder revolucionario constituido– frente a los sectores que defienden la democracia representativa; g) existe una confrontación permanente entre los factores de la Revolución y los factores de la oposición, donde el árbitro es el gobierno revolucionario; h) existe una incapacidad de uno de los contendientes –la dirigencia de la democracia representativa– en dar con la estrategia acertada para frenar o enfrentar a la conducción adversaria –jefatura de la democracia participativa–.

Debe recordarse que para la nueva izquierda la democracia participativa o "nuevo socialismo" es "el fin de la democracia representativa". La democracia representativa, o formal, tiene como característica dominante el acuerdo de clases. Significa una situación de equilibrio, con etapas de inestabilidad superables. Los conflictos tienden a dirimirse en el Parlamento, o se manifiestan sin carácter estructural (disidencias y enfrentamientos con final negociado).

La situación prerrevolucionaria es una etapa de transición, de maduración de los elementos revolucionarios. Ahí se forman los órganos de poder paralelo. Se constituye el Poder Popular. Si se conduce correctamente origina el salto a la situación revolucionaria. Si no se dirige acertadamente puede dar paso a una situación política radicalmente adversa a los sectores revolucionarios.

Por eso las situaciones prerrevolucionarias son inestables y de "final abierto".

El resultado depende del manejo que cada uno de los adversarios hace de los elementos intervinientes. Para los revolucionarios, el fin de la etapa prerrevolucionaria debe ser la crisis revolucionaria, la victoria de un sistema –el revolucionario– sobre el otro –la democracia representativa o burguesa–. Para los revolucionarios las elecciones no son, jamás, lo urgente y prioritario.

EL RETORNO A LAS FUENTES

Para comprender a Chávez hay que instalarse sobre las botas de aquel joven oficial que, en 1980, tomó contacto, a través de su hermano Adán, con la vieja guerrilla de Douglas Bravo con el fin de desarrollar, desde las Fuerzas Armadas, el concepto de revolución continental cívico-militar. A partir de ese momento Chávez asimila el proceso de pensamiento de una organización, el Partido de la Revolución Venezolana (PRV), que era, además de bolivariano, zamorano y robinsoniano, indigenista, ecologista y nacionalista a ultranza en lo científico-cultural y económico (economía endógena).

No pertenecen al reino de la casualidad, por ejemplo, la política del retorno al conuco, o la llamada Ruta de la Empanada. En la Declaración de Guama (PRV), se puede leer:

> La solución alternativa a lo existente requiere de un esfuerzo de la imaginación, la creatividad y la inventiva como principios subversivos. Será un proceso simultáneo de destrucción de valores negativos de la sociedad existente, construcción de los nuevos y rescate de tradiciones casi perdidas. Tal es el caso del conuco, modalidad venezolana (...), o la cocina apoyada en los elementos autóctonos.

Chávez ha incorporado elementos prácticos a su formación de base. Los conucos urbanos responden fácilmente a hipótesis de conflicto.

Mientras se desploma la formación tradicional de la FAN, se forma una nueva Fuerza Armada, pero revolucionaria. La alianza cívico-militar, base del Tercer Ejército o Ejército Continental de Bolívar, es ahora política de Estado. La relación con Estados Unidos –el enemigo estratégico– es táctica y se basa en utilizar el petróleo como instrumento de negociación. Así se gana tiempo para instalar la Revolución. Es la forma de jugar sobre la debilidad –asimetría estratégica– de la primera potencia militar del planeta y líder del mundo global unipolar que deberá confrontarse, algún día, con el naciente mundo multipolar.

La Revolución bolivariana debe consolidarse. Por eso se inicia la "Revolución agraria". Por eso se desmantela el aparato productivo tradicional. Por eso se estrangula a los medios de comunicación de masas ubicados en la otra acera. Por eso se aceleran la hegemonía y el paralelismo institucional. Por eso la Asamblea Nacional comienza a funcionar en la calle, que para la Revolución es la puesta en marcha de la democracia directa o zamorana.

Chávez o Estados Unidos

En pleno conflicto en el Medio Oriente, Hugo Chávez le garantizó a Estados Unidos petróleo seguro. Desde el estado Bolívar le comunicó al mundo que

> El Ministro de Energía y Minas acaba de llegar de Washington y se entrevistó con el Subsecretario de Energía de Estados Unidos. Hemos garantizado que somos y seguiremos siendo el principal y más seguro suplidor de petróleo de esta media parte del mundo.

En agosto del año 2000, Chávez había realizado una gira con el fin de convocar personalmente a la II Cumbre OPEP a realizarse en Caracas. Arabia Saudita, Kuwait, Qatar, los Emiratos Árabes Unidos, Irán, Irak, Indonesia, Libia, Nigeria y Argelia fueron sus destinos. Se crearon comisiones mixtas. Se firmaron acuerdos culturales y en materia de drogas, convenios de supresión de visas diplomáticas, memorandos de entendimiento, mecanismos de consultas políticas. Al posar para la prensa mundial con Saddam Hussein en Bagdad, Chávez rompió simbólicamente el aislamiento de Hussein, luego de 10 años de bloqueo diplomático tras la Guerra del Golfo.

La presencia desafiante de Chávez en Irak motivó una inmediata protesta del Departamento de Estado a través de su vocero, Richard Boucher. La respuesta de Chávez fue tajante: "Venezuela es un país soberano, con un gobierno soberano para tomar sus propias decisiones". Las palabras de Chávez fueron celebradas por el entonces vicepresidente de Irak, Taha Yassin Ramahan. El segundo de Hussein declaró alborozado que "Irak está seguro que el presidente Chávez es el hombre capaz de enfrentar al tirano de esta época".

En Argelia expresó sus fervientes deseos de que Hussein y Khaddafi estuvieran presentes en la cita caraqueña. "Pedimos a Dios y haremos todo lo posible para que en la próxima cumbre ni Irak ni Libia tengan ningún tipo de obstáculo para asistir al más alto nivel". Chávez conocía, con creces, que la presencia física de Hussein y Khaddafi en Caracas era un reto para los Estados Unidos.

En Argelia expresó sus pensamientos en torno a la OPEP y al petróleo como arma política:

La OPEP se ha puesto de pie de nuevo y debe defender los intereses de nuestros pueblos. No podemos dejarnos arrebatar esa arma para el rescate social y económico de nuestras naciones. El (mundo) bipolar fracasó, el unipolar es impensable para nosotros. Las tendencias del globo terráqueo apuntan a un mundo pluripolar.

Richard Lee Anderson, el veterano periodista que lo entrevistara largamente para la conocida revista *The New Yorker*, le comentó a Olga Wormat, del semanario *Poder*, que en el Nuevo Orden Mundial surgido después de los atentados del 11-S, "si hay una coalición anti-terrorismo dirigida a Medio Oriente y Asia Central y luego pueda dirigirse a otros grupos de países latinoamericanos, como los de Colombia, puede ser que Estados Unidos se muestre más duro con Chávez".

Chávez lo sabe. Sus ideas sobre la "internalización" de la industria petrolera se las expresó en 1998 a Agustín Blanco Muñoz:

En el campo económico hemos hablado de un modelo distinto que vaya más allá de un modelo petrolero. Esta demostrado que por esa vía no tenemos mucho futuro. Un modelo que baje la expectativa petrolera, baje de manera notable el plan de inversiones petroleras. Yo he dicho en los últimos días, en los equipos de discusiones, vender 3 millones de barriles de petróleo, a 10 dólares, por ejemplo, es lo mismo, matemáticamente, que vender 2 millones de barriles diarios a 15 dólares (...). Sería hasta más ventajoso, en cuanto a ingreso y ahorro, pero de manera tal que sea contundente reducir drásticamente, no sé si en un millón, pero de manera tal que sea contundente y que sea un arma de negociación (*Habla el Comandante*, UCV, Caracas, 1998, p.608).

Sin embargo, ha prometido elevar la producción a cinco millones de barriles diarios, con una inversión de cuarenta mil millones de dólares a ser realizada por empresas trasnacionales.

La actitud estadounidense frente a Chávez, a futuro, es previsible, pese a que por ahora cambia petróleo por Revolución, así como la reacción de quienes lo felicitaban por ser el hombre destinado por Dios o por Alá para hacer temblar al Norte.

En nuestro país no hay Revolución sin petróleo. Tampoco hay democracia representativa sin petróleo. Pero la cuestión central es que no hay poder global sin petróleo. Pdvsa es el corazón de la economía. Pero también es el corazón del poder. Y no solamente del poder local. Por eso vivimos una guerra y no una batalla. Chávez no se equivoca. Chávez maneja una lógica comprensible: la lógica revolucionaria. La Revolución es una definición final y solamente acepta un concepto contrario: la contrarrevolución. La Revolución es mundial, o no será. Ahí está la cosa. Es la guerra total, que tiene distintas etapas, y hasta finales sorpresivos.

Todo lo demás es adjetivo, accidente, prescindible. La guerra solamente tiene vencedores y vencidos. Que no haya engaños. La guerra es ahora. Ya empezó. Lo demás ocurrirá cuando la larga guerra del petróleo haya terminado. Solamente entonces habrá decisiones creíbles. Chávez pudiera ganar algunas batallas en la guerra del petróleo. Pero perderá la guerra del poder constituido, porque la guerra del petróleo no tiene fronteras. Es cuestión de tiempo. De un tiempo que puede medirse en plazos que siempre serán cortos.

James Hill, ex jefe del Comando Sur, ha denunciado que el gobierno "cada vez más autoritario" de Venezuela permite que distintos grupos terroristas de Medio Oriente reciban ayuda en la isla de Margarita. Uribe acusa que las FARC y el ELN operan contra Colombia desde Venezuela. No es una casualidad. Estados Unidos tiene un eje con Colombia sobre el cual gira su política militar hacia América Latina y el Caribe, expresada en el Plan Colombia. Después de Irak, Israel y Egipto, Colombia ha pasado a ser el mayor receptor de armas estadounidenses.

En América el aliado estratégico de Estados Unidos es Colombia. Por eso el plan global para América se llama Plan Colombia. El Plan Colombia lo dirige el Comando Sur. El Plan Colombia se aprobó para combatir el narcotráfico, pero se planificó, además, para enfrentar a las FARC y el ELN. El Comando Sur opera con las Fuerzas Armadas de Colombia. Suministra información en tiempo real y distintas asesorías. El Ejército de Colombia se ha convertido en el brazo armado continental del Comando Sur.

Más allá de las respuestas oficiales, Venezuela está en la agenda de la guerra global.

El choque de revoluciones

El mundo presencia la puesta en marcha de dos revoluciones militares inéditas. La primera la desarrolla Estados Unidos, y es objeto de discusión en los más importantes foros especializados en el tema militar. La segunda tiene como epicentro a Venezuela, y también es foco de atención, especialmente en la llamada izquierda antiglobalización.

La Revolución en los Asuntos Militares (RMA) impulsada por Estados Unidos para instalar la globalización por la vía militar fue pensada y elaborada conceptualmente durante las dos últimas décadas. Se basa en un nuevo concepto de guerra donde espacio, aire, tierra y mar se consideran potenciales zonas de combate y el control de la información es la clave fundamental para ganar la guerra global (Ver Gray, Colin y Sheldon, John, "El Poderío Espacial y la Revolución en los Asuntos Militares", http://www.airpower.maxwell.af. mil/apjintertional).

La Revolución Militar cambia la naturaleza de la guerra. Significa igualmente una revolución en asuntos estratégicos, de seguridad y, sobre todo, políticos. Por eso la guerra adelantada por Estados Unidos es global, total, unilateral y permanente. El informe Visión Conjunta 2020, publicado por el Ejército de los Estados Unidos señala: "Esta visión está firmemente anclada en la idea de que el Ejército de los Estados Unidos deber ser una fuerza conjunta capaz de lograr la dominación del espectro total". Este concepto de "dominación de espectro total", basado en los criterios estratégicos de fuerza decisiva, presencia en ultramar, agilidad estratégica y proyección de poder, incluyendo la prevención ante las "amenazas estratégicas" ha sido aplicada, de distintas formas, en Afganistán e Irak.

Para hacer realidad su proyecto, Estados Unidos gasta en su revolución militar más del 50% de lo que invierten en lo militar todas las naciones de la Unión Europea reunidas. Eso explica por qué el orden internacional formado por el lobby franco-alemán, Rusia, China y muchos de los países del llamado Tercer Mundo plantean reforzar la ONU como fuerza de contención ante el poderío bélico estadounidense.

La otra revolución es la cívico-militar impulsada por Hugo Chávez. Se fundamenta en la intervención sistemática de los militares en la vida política y civil. Los militares son ubicados en los cargos estratégicos de la administración pública. La oposición civil es monitoreada. La FAN asume papel de policía, porque debe combatir contra un "enemigo interno". También realiza tareas asistenciales. Está presente en la política o en la economía. Si el "enemigo interno" se resiste (guerra interna) la Revolución puede declarar la guerra civil, que es el paso previo a la guerra total, cuyo carácter es permanente.

En el Foro Internacional Bolivariano fue incorporado el concepto de "revolución mundial antiglobalización". Para la revolución cívico-militar espacio, aire y mar quedan a un lado en la hipótesis de guerra global. La revolución cívico-militar vale para una guerra prolongada, de resistencia en el continente. De producirse un choque entre ambas revoluciones Chávez no será más jefe de Estado. En ese momento la Revolución bolivariana continuará por otras vías.

Índice